INTERPRETACIÓN DE LOS SUEÑOS

ARTEMIDORO DE DALDIA

INTERPRETACIÓN
DE LOS SUEÑOS

TRADUCCIÓN DE
PABLO INESTAL
PRÓLOGO DE
RAFAEL URBANO

BIBLIOTECA DEL MÁS ALLÁ
LISTA, 66. — MADRID
1922

© de la presente edición
  del 2024:

Editorial MAXTOR
  Fray Luis de León, 20
  47002 Valladolid (España)
  +34 983 090 110
  pedidos@maxtor.es
  www.maxtor.es

I.S.B.N. 978-84-1171-040-4
depósito legal: DL VA 173-2024

ÍNDICE

ÍNDICE

PROLOGO

EL SUEÑO Y SU MISTERIO

AL SR. D. PABLO INESTAL.

Ha hecho usted, mi excelente amigo, una buena versión de La clave de los sueños, *de Artemidoro de Daldia. Le felicito muy sinceramente por ello, y celebro de veras tan feliz y oportuna ocurrencia.*

Ahora precisamente empieza a entrar entre nosotros la obra de Segismundo Freud, el célebre instaurador del psicoanálisis, que, dando un alma a las enfermedades, haciéndolas no sólo la expresión de un desgaste físico, sino una perturbación absolutamente total del individuo, ha consagrado una atención extraordinaria a los sueños y a la interpretación de los mismos (1).

(1) Obras completas de S. FREND: *Psicopatología de la vida cotidiana.*—Biblioteca Nueva.—Madrid, 1922.

La versión de usted de la obra de Artemidoro viene con verdadera oportunidad, y ya no la leerán sólo las personas cándidas y de poca cultura, sino que será solicitada por las gentes estudiosas que desean informarse del pasado y remover en sus documentos los destellos de luz y de calor que conservan en su rescoldo.

Artemidoro de Daldia, que vivió por los días de Antonino Pío, hacia el siglo II de nuestra Era, nació en Efeso, pero se hizo llamar de Daldia por honrar el pueblo de su madre. He ahí un ejemplo extraordinario de amor filial como no creo que exista otro.

La obra de Artemidoro es, sin embargo, menos antigua de lo que parece. Data, efectivamente, del siglo II, y gran parte de ella, en lo que el autor recoge de sus antecesores de algunos siglos más atrás; pero el mundo no la conoce como popular y sabida hasta el siglo XVI, en que se extienden y propagan las ediciones latinas de Venecia, Basilea, París, etc., etc.

De primera intención el libro es inocente. Las interpretaciones son tan sencillas en unas ocasiones, y tan extraordinarias en otras, que, dentro de un positivismo cimentado sobre el criterio experimental y rigurosamente metódico de la ciencia de ahora, la obra parece sin alcance y sin valor.

Un hombre de los que llamamos serios la calificaría inflexiblemente de pueril.

Contra un juicio tan precipitado sale al paso la versión que usted ofrece, remozando el original, distribuyéndolo en capítulos, ordenándolo a la moderna y haciéndolo de una lectura más fácil y agradable que como fuera ofrecido en un párrafo interminable, sin puntuación, con esas notas absurdas para el público en general que desea noticiarse, y las dudosas aclaraciones de sentido o la consignación de algunas variantes.

Le vuelvo a felicitar por su trabajo.

¿Tienen significado los sueños?

Lo tienen que tener, desde luego, como todos los fenómenos y acontecimientos. Se originan y producen por alguna razón, y obedeciendo a una causa, responden a ella tan fatalmente como la caída de los cuerpos o un hecho cualquiera.

Un hombre sano no puede soñar como un hombre enfermo; un niño, como un hombre adulto; un hombre, como una mujer; un pobre, como un rico; un profesor, como un discípulo; un artesano, como un artista.

La Historia nos habla de sueños famosos, cé-

lebres por lo que han influído en el curso de los acontecimientos humanos. Los sueños de Faraón, interpretados por José; el sueño de Nabucodonosor; el sueño de Alejandro; el sueño de Escipión; el sueño de Sócrates; los sueños de Calpurnia, la mujer de César; el sueño de Catalina de Médicis, que le predice la muerte de Enrique II; el de María de Médicis, que le advierte el asesinato de Enrique IV.

La vida corriente nos ofrece sueños menos célebres, pero curiosos, y más interesantes para nosotros mismos: sueños patológicos, sueños premonitorios, sueños con resultados "muy casuales".

Desde luego, entre todos nuestros sueños siempre podremos escoger algunos cuantos que nos han llamado la atención y preocupado unos instantes.

Lo que sabemos del sueño.

realmente es muy poco. Artemidoro no está en sabiduría sobre el particular muy lejos de nosotros; pero tiene un elevado sentido del dormir, que, sin expresarlo, deja adivinar al conceder tanta importancia a la actividad de los hombres que dormidos llegan a soñar.

Llegan a soñar.

Tengo que decir esta frase con alguna reserva, pues no sólo he sabido que el célebre Lessing se jactaba de no haber soñado nunca, sino que también he conocido algunas personas que igualmente no han soñado jamás.

Es claro que, con todos los respetos que merecen aquel crítico y esas personas que no designo, no puedo creer en semejante excepción.

Ni el corazón ni la inteligencia del hombre descansan.

Los que dicen que no sueñan es que no recuerdan sus sueños, si es que no los confunden con la misma realidad. Valdría tanto creerse arruinado por no tener el dinero encima, sino bien guardado en un arca de caudales o en las reservas de un Banco. Es lo que acontece a los individuos que no se dan cuenta de sus sueños, y sospechan que bajo la acción de un narcótico o un dormir sin soñar han perdido por completo la inteligencia. Mejor dicho, la función activa de la misma.

El hombre no conoce reposo en los dos polos de su vida. Ni el corazón para un instante, ni cesa de ser activa la mente.

No es posible que al despertar por la mañana recojamos de nuevo todo nuestro saber y nuestra experiencia con más rapidez y menos extrañeza que la ropa que debemos volvernos a po-

ner. *Las personas que han despertado locas y enajenadas no enloquecieron repentinamente al volver a la vigilia, sino por conclusión de un proceso que ha tenido su origen antes de dormir.*

Mientras dormimos seguimos pensando y cerebrando. En la mayoría de los casos podría decirse que, recogidos en nosotros, nos aislamos del mundo; pero no siendo tan fácil hacerlo siempre, nos queda en el recogimiento una rendija por donde penetra ese rayo de luz que vela la placa de nuestro cerebro que debemos revelar en el laboratorio.

La condición tan absurda de la mayoría de los sueños es la más natural y fatal que tenemos que dar a las recepciones externas en las condiciones en que nos colocamos voluntariamente, en cierto modo, al dormir.

Entornadas las puertas de los sentidos, las impresiones del exterior llegan fatalmente como son, pero sufriendo una adaptación que no padecen en la vigilia, ni por los aparatos terminales de sentido, ni por la misma inteligencia. Los hechos exteriores, borrosamente revestidos, se traducen en seguida, según la norma instintiva del momento, y no la experiencia racional corregida sobre la realidad. El canto de un gallo puede recibirse por el sujeto dormido de cualquier modo menos el verdadero y real. Será para uno un grito de socorro, y para otro un grito de alegría o de reconocimiento.

La condición normal de todo dormido, mientras duerme, es desde luego distinta de la de su estado de vigilia. Y esa condición es la más auténtica, la más verdadera, la más íntima y la justamente del sujeto. Así como el cuerpo está a merced de las influencias exteriores con menos resistencia, y es más natural que nunca, también la inteligencia y la conciencia del hombre están en toda su intimidad y con menos sociabilidad que despierta. Se vive entonces en una atmósfera de liberación, y la esclavitud sólo pueden sentirla los que son esclavos desde hace muchísimo tiempo, no precisamente en esta vida, sino ya desde otras vidas remotas.

EL MUNDO DEL SUEÑO.

se nos ofrece como un mundo aparte y distinto del mundo de la vigilia.

Es curioso que durmamos tanto y que tengamos que dormir. Kant observaba la inutilidad de anhelar una vida más larga ante la consideración de que habríamos de dormir más todavía.

Consagramos, en efecto, al sueño la tercera

parte de nuestra vida. Así, realmente un hombre cree que muere viejo a los noventa años, y muere de verdad siendo muy joven, teniendo treinta menos de los que ha contado equivocadamente en su total activo.

De hecho se puede dormir menos, pero tenemos que dormir, e inexorablemente los dolores mayores, que nos quitan el sueño, tienen que ceder a él en última instancia, como ceden todos ellos al llegar a su máximo ante la muerte.

No entra en mi propósito decir por qué dormimos, sino justificar por qué soñamos, y hacer ver que en nuestros sueños, además del misterio fisiológico, hay otro misterio más augusto y sublime.

Su mundo es el mundo de la libertad y el de la esperanza cumplida. He ahí por qué se le ha considerado como un regalo de los dioses. "El sueño—dice Delboeuf—es consolador y benéfico; nos lleva por algunos instantes en medio de los seres amados que hemos perdido; hace olvidar al enfermo sus sufrimientos; al infortunado su angustia; da agilidad al paralítico, oído al sordo, vista a los ciegos, al preso libertad y las alegrías de un primer amor a la niña abandonada."

Pero es una liberación momentánea. El mismo Delboeuf añade: "Ilusiones demasiado bre-

ves y que sólo sirven para que la realidad sea después más amarga todavía."

Entramos en el dormir para libertarnos en el sueño que habremos de tener luego. Y vamos a él con nuestros ojos teñidos en luz, para que, a modo de los diamantes expuestos al sol, brillando luego en la obscuridad, nos iluminen en ese mundo. Es por lo que vemos en el sueño con los ojos cerrados, y por lo que vuelve a surgir el mundo ante nosotros.

Se ha dicho que la noche es el tribunal ante el cual comparece nuestro día. Y así es, tanto para hacer nuestra justicia como para hacerla a los demás. Yo no creo por eso que ningún hombre o mujer haya salido pervertido por un sueño, y creo que, aun dentro del mal humor en que puede levantarse uno, hay siempre un ambiente de justicia, de bondad y de comprensión para las cosas, que queda en el ánimo del más inquieto que despierta un lugar para la justicia y la equidad.

"Apelo a Alejandro en ayunas", dijo una anciana ateniense que recibía una sentencia injusta. La avisada y advertida mujer no quería que Alejandro sintiese hambre; quería únicamente, porque lo sabía muy bien, que dispusiese su ánimo en un momento propicio para la razón y lo justo como cuando despertamos to-

dos los días. Quería, en una palabra, que estuviese en esa edad de la inocencia y de la justicia en que estamos todas las mañanas, porque la inocencia y la justicia se levantan, por fortuna, muy temprano todos los días.

La ideación mientras dormimos, el verdadero sueño, se nos ha dado para cumplir la existencia, para llenarla como es debido. Así es como generalmente, absolutamente, diciéndolo mejor, se realizan en el sueño todos los actos incumplidos, no terminados, no acabados, en la vigilia ni en la vida ordinaria corriente.

Es verdad que dormimos la tercera parte de nuestra existencia; pero la vivimos toda, y nuestro dormir no significa que estemos inactivos, como llegaba a sospechar Kant, según hemos visto.

En el sueño está el secreto y el misterio de la conservación de la vida. No sólo nos reparamos orgánicamente, sino que nos regeneramos en lo espiritual y suprasensible por manera manifiesta. Todos los sueños son divinos; pero también interviene el Diablo en ellos; por eso sentimos la necesidad de una interpretación y la solicitamos de continuo, creyendo que si sólo nos hablasen los dioses no tendríamos que hacer otra cosa que seguirlos.

No es un secreto que hay sueños patológicos,

ya derivados de las mismas dolencias orgánicas conocidas, ya sintomáticos, de las que todavía no se han definido de una manera terminante y expresiva.

Todos los sueños tienen algo patológico, y si los refiriésemos a un médico experto, encontraría en ellos documentos aprovechables para combatir la enfermedad que denuncian; pero también todos los sueños tienen algo de divino, como todas nuestras situaciones de enfermo tienen algo de salud.

Hay sueños de juventud y sueños de vejez. Sueños que fijan, más que los años, nuestra verdadera ordenación en la existencia. Pero sobre todos los sueños hay unos sueños que nos llaman la atención más que otros, y esos sueños son los sueños divinos, los sueños verdaderamente morales, generadores de toda nuestra moral y a la que debemos la unidad de nuestro carácter.

No hace falta dormir para soñar. Y aquí está la explicación definitiva del extraordinario caso de aquellos que nos dicen que jamás han soñado. El poeta y el hombre de genio reciben en un instante, como si atrayesen un rayo, la idea generadora de su poema o la intuición científica que ha de revolucionar los conocimientos.

No hay una obra de genio que haya sido el

resultado de la paciencia, ni la consecuencia de un ahorro, a estilo de buen burgués, sacrificando la vida y llenándose de privaciones. Esos estudios en serie, seguidos ordenadamente, no terminan jamás con descubrimiento alguno, como jamás las catedrales cristianas y los templos paganos se terminaron, tras un trabajo de siglos y siglos, cuando un obrero elegido colocó la última piedra. Antes, mucho antes, de una vez, de repente, en la mente del genio constructor apareció toda la obra.

Los hijos tardan en venir a la existencia nueve meses, pero su concepción es obra de una mirada.

Las almas son las cosas más afines por excelencia, y avaras y enamoradas de la forma, no pueden someterse al tiempo para denunciar su presencia. Avasalladoras, indiscretas, penetrantes, absorbentes, más aún que la luz negra, que los rayos ocultos, que dejan sus signos misteriosos en las plazas, corren a encarnarse sobre la primer realidad para revelarse a los hombres.

En los sueños nos hablan los dioses. Y nos hablan más en ella que en la vida diaria, porque entonces estamos dispuestos y preparados para recibirlos. Contra toda su voluntad en la vida se presentan al rey en el sueño las muchedumbres castigadas por la injusticia. Contra toda *su voluntad en la vida se presentan a los hombres en el sueño los acontecimientos y le advierten lo que de otra manera no podrían advertirle.*

En el sueño, ese mismo exterior, recibido a lo lejos, sublimado, aparece denunciando lo más íntimo de las cosas. Las cosas como son. Como las vimos de una vez en su entera realidad la primera vez que las vimos.

Nosotros no vemos las cosas más que una vez. Todo el misterio de la simpatía y antipatía está en esa visión. Cuando volvemos a ver las cosas, ya las vemos teñidas de una no realidad, de una no primera visión, que las hace más nuestras, pero que las separa de ellas mismas. Los engaños, las equivocaciones, los errores, no están en las cosas mismas, sino en lo que hemos colocado en ellas después de nuestra primer visión.

¿Sufrimos ese error en los sueños? Jamás. Entramos de repente en el escenario de su acción, con la misma naturalidad con que volvemos a la vigilia al despertar. Nuestro pensamiento no tropieza con dificultad alguna, y destruido, no nuestro yo, sino nuestro egoísmo, los dramas, las tragedias, las comedias más perfectas, se desarrollan ante nosotros hablando todos los personajes su verdadero idioma, expresando sus verdaderos sentimientos.

¡Y, sin embargo, ninguno de ellos existe! No

hay más que un real y verdadero personaje: ¡el apuntador, que somos nosotros mismos!

¿Es posible que el talento y el gusto dramático esté tan desarrollado y sea tan uniforme en todos los hombres?

No. Seguramente, alguien nos visita en sueños.

Eso sí. Hay quien tiene buenas amistades, y hay quien se las ha procurado malas.

RAFAEL URBANO.

LIBRO PRIMERO

INTERPRETACIÓN ORDINARIA

I

LOS SUEÑOS EN GENERAL

§ 1. Hay varias clases de sueños. Unos representan una imagen clara y directa del acontecimiento que presagian. Por ejemplo: un hombre soñó que el navío en que viajaba se hundía; al día siguiente, el navío **naufragaba,** y el hombre se salvaba con unos cuantos viajeros.

Otros sueños ofrecen, en cambio, símbolos alegóricos que exigen una interpretación. Las **cosas** o los sucesos vistos en ellos tienen un **significado** oculto.

Voy a dar, pues, una definición general del sueño, contra la cual, a excepción de los descontentadizos, nadie ha de poner reparo. El sueño es un movimiento o conformación del ánimo que, bajo los más variados aspectos, anuncia los bienes o los males futuros.

Los sueños no se refieren a las acciones de los demás, sino a las del que sueña. Si, por ejemplo, el individuo que sueña habla, canta, baila, lucha o forcejea, esas cosas le conciernen sólo a él. Ahora bien; la visión de objetos o de las partes del cuerpo humano, aunque unos y otras sean de su pertenencia, pueden significar acontecimientos que se refieran a otras personas, según la condición y uso de tales objetos. En los sueños alegóricos, la cabeza significa el padre; la mano derecha, la madre, el hijo o el hermano; la mano izquierda, la mujer, la novia, la hija o la querida del individuo.

Los sueños en que jugamos un papel importante o que afectan a nuestros sentimientos, en los que nosotros obramos, por decirlo así, deben reputarse como nuestros y referentes a nosotros mismos. En cambio, aquellos en que obran otras personas por nuestra voluntad o nuestra inspiración, se refieren más propiamente a ellas. En semejante caso, si se trata de personas amigas cuyos gestos nos son favorables, debemos deducir de esos sueños grandes alegrías, así como penas y tristezas en los casos contrarios.

Si se trata de personas enemigas u hostiles, sus amabilidades nos proporcionarán disgustos, así como sus vejaciones se trocarán en satisfacciones.

§ 2. Algunos sueños nos muestran acontecimientos considerables, cuyos efectos serán también considerables; otros, aun con circunstancias impresionantes, no presagian, sin embargo, sino acontecimientos sin trascendencia. Las visiones ordinarias pueden originar consecuencias ordinarias; pero a veces las producen también capitales. Por ejemplo: un hombre soñaba que **volaba,** dirigiéndose a un sitio determinado; le parecía tener plumas y sostenerse como los pájaros. Ese hombre dejó su pueblo natal y marchó muy lejos a un lugar donde se enriqueció, por aquello que se dice de los ricos "que tienen plumas". He aquí un sueño sin gran interés por sí mismo, pero trágico en sus efectos: un hombre soñó que había **perdido su nombre,** y vió morir a su hijo; perdió lo que tenía, fué procesado, se le acusó de crimen público y fué condenado. Deshonrado, hubo de huír y ahorcarse, en fin, para poner término a sus miserias, colocándose entre aquellos a quienes ni se nombra en los banquetes fúnebres. Otro ejemplo de sueño vano con graves consecuencias es el de uno que sueña tener los **ojos de oro** y despierta ciego. Un ejemplo de sueño prodigioso y de resultado pequeño es este: uno soñó que **jugaba** a los dados **con una divinidad,** y que ganaba; y fué tan perseguido, que hubo de huír y refugiarse en un sitio donde vió que el techo se le venía encima.

Los sueños pueden, además, clasificarse en las categorías siguientes: los que ofrecen visiones divertidas y tienen resultados dichosos; los que ofrecen visiones animadas, pero con resultados nefastos; los que, mostrando imágenes favorables, tienen resultados malos, y los que son perjudiciales, tanto por sus consecuencias como por los símbolos que ofrecen.

Aquel a quien se aparezcan las **divinidades** alegres y sonrientes, pronunciando saludables palabras y ofreciéndole **regalos,** verá a su padre, su madre, sus amigos o sus criados en la misma disposición, recibirá riquezas, salud en el cuerpo y mejoras en su situación o en sus negocios, aunque los dioses se le hayan presentado bajo forma de estatuas. Desde luego, todas las apariciones así provocarán generalmente acontecimientos felices, y análogamente desgraciados las que se cae en un **precipicio,** en poder de unos **bandidos,** en que se vea demolida la casa de uno o uno mismo enfermo. Porque el alma prevé los acontecimientos funestos y nos lo advierte.

Tales sueños tienen visiones y efectos concordantes; pero los hay también con visiones favorables y consecuencias desastrosas. Un hombre se vió una noche **comiendo con un dios,** y al día siguiente fué encarcelado. El hecho de ser comensal de un dios, aunque agradable, tuvo, en cambio, la prisión por consecuencia, que no lo fué. Otro hombre soñó que recibía dos **panes** del Sol, y murió dos días después.

He aquí, finalmente, sueños con visiones inquietantes, pero de efectos felices. Un hombre pobre, un esclavo, un marino o un militar, ven, por ejemplo, que les hiere un **rayo:** uno adquirirá un bien, otro será libertado, los vientos favorecerán al marino y el guerrero se casará. La caída de un **rayo** no puede ser una cosa más terrible, y, sin embargo, es una visión generadora de acontecimientos dichosos.

§ 3. Los que han dirigido sus súplicas a la divinidad y han obtenido un sueño contrario a sus propios deseos, se engañarán si no sacan de su sueño algún significado, pues aunque las visiones no se conformen a la solicitud del demandante, no dejan por ello de ser curiosas. Ahora bien; los verdaderos sueños divinos son los que conceden los dioses a los hombres, aunque no se les haya pedido nada; y pueden ser, según los casos, favorables o funestos. Es costumbre, sin embargo, llamar divinos a todos los sueños que no son naturales y corrientes.

II

JUICIO E INTERPRETACION DE LOS SUEÑOS

§ 1. Para juzgar un sueño y decidir sobre sus consecuencias se le debe considerar desde el principio hasta el fin; pero en ciertos casos se debe empezar por el final y remontarse al principio, porque las últimas circunstancias son las que explican las primeras y dilucidan todo el sueño.

Para juzgar los sueños secos, que no tienen, por decirlo así, un sitio por donde cogerlos, o para juzgar sueños incompletos, las suposiciones son necesarias, ya para completar una frase que falta o para darla su significado.

§ 2. El intérprete de los sueños es indispensable que sea un sabio ante todo, y que sepa utilizar con prudencia los métodos tras una gran experiencia.

Primeramente no debe cometer ningún error inicial en la sentencia, pues un error en el comienzo significa su agrandamiento después y una destrucción completa del sentido de las visiones del sueño.

En segundo lugar debe evitar interpretar un sueño cuyas circunstancias no conoce por entero. Para emitir un juicio perfecto tiene que estudiar una por una todas ellas. No debe pronunciarse tampoco por lo que no puede comprender, ni dar un juicio espontáneo, sino bien meditado, evitándose así controversias. Si anunciara también al interesado desgracias y éste tuviera alegrías, o si el sueño de consecuencias felices no hubiera sido agradable para el sujeto, sacando de él una felicidad menor, el mal no sería muy grande; pero de todos modos urge que el intérprete sepa en qué estado de ánimo se encontraba el soñador.

§ 3.   Para juzgar los sueños que no obedecen a causa definida es necesario que el intérprete conozca si se han efectuado de día o de noche, porque sus efectos varían, según se hayan producido en las horas claras o en las obscuras, en el alba o al crepúsculo. El intérprete habrá de informarse también de la naturaleza y cantidad de los alimentos recibidos por el dormido antes de acostarse, porque una alimentación abundante y pesada embrolla y altera las visiones que ocurren en los sueños, aun efectuados al amanecer.

III

LOS SUEÑOS QUE SE REFIEREN AL CUERPO

§ 1. Pasaré a indicar en seguida los métodos propios para la inteligencia e interpretación de los sueños, y aunque esto pueda parecer impío, no basaré mis juicios sobre la divinidad, como han hecho los antiguos.

Comenzaré así por hablar del nacimiento, del cuerpo, de los miembros y sus órganos, de sus enfermedades, transformaciones y cambios en diversas materias. Después, de los trabajos y de las artes. Más tarde, de la juventud y de la adolescencia, de las batallas y de los baños, de los alimentos sólidos y líquidos, de los ungüentos, de las flores y del sueño. En el libro siguiente me referiré a las buenas maneras, a los hábitos y acciones comunes a los hombres y mujeres, al aire, los meteoros, la caza, la pesca, la navegación, la agricultura, la justicia, los magistrados, los soldados, la muerte y otras materias.

§ 2. El que se vea indigente salir del vientre de una mujer y **nacer** a la vida, tendrá un buen sueño, pues eso le anuncia inmediatas posibilidades de existencia y el concurso de amigos que le ayudarán. Para un artesano, y de un modo general, para todos los que viven del trabajo manual, ese sueño es predicción de descanso, de inacción, porque los niños de corta edad tienen las manos inmovilizadas con los pañales.

Al que vive cómodamente o en la riqueza, ese sueño significa que no será ya el dueño de su casa, en la que otros le dominarán, porque los niños no tienen voluntad y no pueden gobernarse. Al que no puede esperar sucesión de su esposa, le pronostica la viudedad o la separación, porque los niños son célibes y no tienen consorcio carnal. En cambio, al que su mujer le promete sucesión inmediata, ese sueño le promete un hijo, que le será muy parecido, y así él nacerá, en cierto modo, dos veces.

Para los soldados, ese sueño es malo, porque los niños no andan, no corren y son débiles para luchar. Para el que viaja por el

extranjero, le anuncia un próximo regreso;
porque nacer de nuevo es volver al comienzo.
En fin, al enfermo le pronostica su muerte,
pues a los muertos se les envuelve en el su-
dario, como a los niños en los pañales.

§ 3. Un hombre sin recursos que se vea
en sueños **embarazado,** se hará riquísimo y
amasará tesoros. El rico que tenga el mismo
sueño, experimentará grandes pruebas y cuidados.

No teniendo necesidad de hijos, el que se
vea en tal estado, el que tenga mujer la perderá; pero el que desee casarse lo logrará con
una joven dulce y tierna. Los que no reúnan
las condiciones anteriores, padecerán una enfermedad.

Este sueño es para el enfermo una amenaza de muerte, y para el pobre, atosigado de
deudas, un buen presagio, pues llegará a librarse de ellas. En cambio, a los ricos, llenos
de facultades y prerrogativas, les predice su
ruina y la pérdida de su autoridad. Los negociantes, marinos y armadores han de ver en
él la caducidad de sus negocios lucrativos.

Tocante a este sueño, se cita el ejemplo de
muchas personas que, después de tenerlo,
perdieron a sus padres.

§ 4. Ver **niños** en sueños, tanto para la

mujer como para el hombre, no es buen presagio: trae disgustos en el hogar, predice la falta de cosas necesarias, sin las cuales no puede alimentarse ni criar a los niños. Si aparecen los niños solos en el sueño, los acontecimientos serán menos dolorosos para el individuo que si ve niñas, pues las niñas son signo desgraciado y de empobrecimiento, y por eso se las dota para casarlas.

He conocido un individuo que soñó tener una hija, y tuvo que tomar dinero a préstamo; y he conocido a otro que soñó que su hija había muerto y que él la enterraba, que tuvo que pagar sus deudas judicialmente. Así, las **hijas,** vistas en sueños, tienen una relación íntima con las deudas y los asuntos de dinero.

El ver niños que pertenecen a otro, si son hermosos y robustos es indicio de que se abre para el soñador una era de prosperidad.

§ 5.   El hombre que sueña que ha nacido y que está **lactando** de una mujer que conoce, caerá en largas enfermedades, a menos que su mujer esté para dar a luz, en cuyo caso nacerá un hijo muy parecido a él. Si quien sueña es una mujer en cinta, dará a luz una niña. A los presos que tienen cuentas **con la justicia, este** sueño es nefasto, pues les anuncia acusaciones, cargos y nuevas angustias. Lo mismo ocurrirá a los enfermos.

Soñar ver **leche** en sus pechos es para una joven la promesa de que concebirá una criatura fuerte y hermosa. En una mujer madura, si es pobre, tendrá riquezas, y si es rica, dilapidará sus bienes. A una joven, este sueño anuncia boda, porque no podrá tener leche sin casarse; pero si la joven es impúber y está muy lejos de los esponsales, le presagia la muerte, pues todo lo que se manifiesta fuera de la edad y de sazón, con pocas excepciones, es fatal. Al hombre en la miseria, este sueño le presagia riquezas abundantes con que podrá socorrer y auxiliar a los demás.

Sé por experiencia que esta visión predijo a un célibe el matrimonio, y la paternidad a quien no tenía hijos. A los soldados, obreros, labradores y a cuantos viven de su trabajo, es malo este sueño, pues sólo los cuerpos femeninos y débiles producen leche.

He conocido un individuo, con mujer e hijos, que soñando esto enviudó y hubo de atender a las criaturas como si fuera su nodriza.

§ 6. Un hombre que no ha conseguido honores ni satisfecho sus ambiciones obtendrá ventajas al soñar que tiene una gran

cabeza. Los hombres sin fortuna, prestamistas, cambistas y cuantos negocian con dinero, así como los soldados también alcanzan beneficios tras ese sueño. Al rico, le anuncia dignidades y honores; a los pobres, algún bien; a los hombres de dinero, mayor riqueza, y a los soldados y luchadores, nuevas victorias. Pero al rico que ha logrado una buena situación y honores, a los jueces y gobernadores, les advierte que sufrirán el disfavor y los ultrajes del pueblo; a los capitanes, que sufrirán contratiempos, y a los que dependen de otros, que será más extremada esa dependencia.

El que ha llevado hasta entonces una vida sin tropiezos, conocerá las tristezas y dificultades, si sueña que tiene una gran cabeza. En fin, todo el que en sueños llevándola en proporciones más pequeñas que lo corriente, sabrá que eso significa lo contrario de soñar llevarla grande. Sin embargo, para el juicio hay que tener en cuenta la calidad y situación del individuo.

§ 7. Soñar poseer una **cabellera** abundante, hermosa, larga, es buen augurio para las mujeres, los filósofos, los religiosos, los príncipes y todos los poderosos que acostumbran a dejársela crecer. El sueño es con todo menos favorable a los hombres que a las mujeres, sobre todo a los hombres de otra condición, a quienes indica que tendrán trabajos fáciles, pero sin gran alegría.

Los **cabellos largos y en desorden,** como crines, significan disgustos y tristezas. He conocido un personaje notable, ocupado en grandes empresas que soñó recorrer la ciudad llevando los pelos erizados, como de seda, y le anuncié que tal sueño le predecía graves disgustos. Y con efecto: poco tiempo después perdía su oficio, se le castigaba y cayó en la miseria.

El que se ve con **pelos de cerdo** en vez de su cabellera tendrá grandes peligros y enfermedades, comunes éstas a los cerdos o procedentes de ellos. Si se viera con **crines de caballo,** se verá sometido a una estricta dependencia y a duros trabajos en los que ganará mucho tiempo.

El soñar tener una cabellera de lana predice una enfermedad larga, grandes inquietudes y disgustos sin cuento. Se padecerá sarna si el individuo cree que todo su pelo es de lana. Cuando se sueña que el pelo es de otra materia, se interpretará según la materia que sea.

Verse completamente **barbilampiño** denuncia inevitables vergüenzas y el fracaso de los asuntos que se tengan entre manos. Soñar que sólo se tiene **calva** la nunca es señal de envejecimiento, infortunio y pobreza. Verse calvo solo la derecha de la cabeza anuncia la pérdida de parientes masculinos, y si no se tienen, grandes daños. Si la calva afecta a la parte izquierda, significa que perderá a sus primas u otras parientas, porque la cabeza significa los parientes, como he indicado ya, y la parte derecha, los masculinos, y la izquierda, los femeninos. Y lo mismo sucede con las demás partes del cuerpo.

Soñar estar completamente **calvo** es buen augurio para el que pleitea, está detenido o secuestrado, así como para el que está lleno de dudas y temores.

Verse con la cabeza completamente afeitada es bueno para los cómicos, bateleros y cuantos han de entretener al público; para los demás este sueño es malo, pues tiene el mismo significado que si se viesen calvos o pelones, con la agravante de que anuncia males mayores y más inmediatos. Para los navegantes es señal de naufragio; para los enfermos, señal de peligro, aunque no de muerte, pues los muertos no pueden afeitarse.

Soñar que le **corta** a uno el **pelo** el barbero

es generalmente bueno, pues no se hace en los momentos de peligro. Semejante acción se efectúa por gentes que no tienen pena ni están en la indigencia. Si sueña uno que se hace a sí propio la operación significa que sufrirá tristezas e infortunios repentinos. El que tenga este sueño habrá de pagar sus deudas y recibirá injurias y humillaciones.

§ 8. Una **frente** sana y limpia es de buen augurio para todo soñador, significando que podrá expresar libremente sus pensamientos y defender sus opiniones, consiguiendo la confianza y el triunfo.

Soñar que se tiene la frente de metal o de piedra es un presagio favorable para los taberneros y hombres desordenados, que no tienen escrúpulos. Y es igualmente ventajoso a las personas impúdicas.

§ 9. Ver muchas **orejas** en sueños es excelente para los que desean ser obedecidos en su casa por su mujer, sus hijos y sus criados. El hombre rico adquirirá por este sueño gran renombre si las orejas que ve son bonitas y perfectas, y si las viere feas y repugnantes será detestado y odiado.

Es una visión funesta a los que viven en servidumbre y a los que tienen que ver con la justicia, ya como demandantes o demandados. Y es favorable a los obreros y trabajadores, asegurándoles que tendrán jornal y trabajo.

Soñar que se pierden las orejas significa todo lo contrario de lo enunciado, y soñar que se le curan, que se recibirán buenas noticias. Si se lo pegan a uno en las orejas se recibirán malas nuevas.

Tener las orejas invadidas por hormigas es un sueño malo para los políticos y los maestros, pues las hormigas en este caso se parecen a los niños que oyen voluntariamente a los oradores. Para las demás personas, este sueño es presagio de muerte, pues las hormigas son hijas de la tierra y habitan bajo ella.

He conocido a un individuo que soñó que le nacían espigas de trigo de las orejas, cayéndole los granos en las manos y que heredó de un hermano muerto.

Verse con orejas de asno sólo es buen augurio para los filósofos, pues un asno no mueve las orejas con facilidad. Para los demás hombres este sueño anuncia que caerán en la servidumbre y vivirán miserablemente. Verse con orejas de león, lobo u otro animal feroz es señal de que será uno espíado, engañado y víctima de fraude.

Soñar que se tienen los ojos en las orejas es señal de quedarse ciego.

§ 10. Las **cejas** espesas y bien dibujadas para todos los soñadores, y principalmente para las mujeres, son de buen presagio. El verlas feas, calvas predicen duelos y desgracias.

§ 11. Es bueno generalmente soñar que se tiene una **vista** penetrante, y malo que se la tiene enferma; esto indica que faltará el dinero y que las empresas y negocios habrán de abandonarse. Si un padre sueña que tiene los **ojos** malos, eso le predice enfermedades en sus hijos.

El que sueñe que está ciego está advertido de la muerte repentina de un hermano, de su padre o de su madre. Este sueño puede, sin embargo, ser beneficioso a los presos y a los que se encuentran en situación angustiosa, porque las angustias y miserias desaparecerán, las personas sensibles acudirán a su ayuda, como se tiende la mano a un ciego. Este sueño es contrario a los que proyectan viajes, indicándoles que recorrerán un país extranjero del que no volverán, porque el ciego no puede ver ni su patria ni su casa. Es contrario también a los soldados y a los capitanes, como a los hombres ambiciosos, quienes no lograrán sus propósitos. Es contrario, en fin, a los sabios, a los navegantes y a los adivinos. El que haya perdido un objeto y tenga este sueño no lo encontrará jamás. Es, en cambio, un buen signo para el poeta, pues para componer sus cantos necesita recogimiento. A los enfermos, este sueño, predice siempre la muerte.

Si se sueña estar **tuerto,** las cosas que se predicen soñando estar ciego se realizaron sólo a medias, buenas o malas. El enfermo, por ejemplo, no morirá; pero llegará a una debilidad extrema. El intérprete ha de observar que el ojo derecho se refiere al padre, al hijo o al hermano, y el izquierdo, a la hija, la hermana o la mujer.

El que está para casarse y sueña tener tres o cuatro ojos recibe un buen presagio. Lo mismo será para el que desea ser padre o espera serlo. Los pretones y gentes de dinero aumentarán sus riquezas; pero los que tengan deudas y obligaciones se verán forzados a satisfacerlas.

El hombre rico que se ve con muchos ojos está advertido de que alguien urde secretamente una mala obra contra él o sus bienes. El poco escrupuloso que se entrega a las fabricaciones, y la mujer bella y deseable deben considerar este sueño como contrario: el uno será sorprendido y denunciado y la otra se verá rodeada de malos pretendientes.

El que se vea con ojos en las manos o en los pies perderá la vista. El verlos en otra parte del cuerpo indica que esa parte enfermará o será castigada. He conocido, sin embargo, un hombre que soñó que le salían repentinamente ojos en los pies, y aunque no quedó ciego hubo de casar sus hijas muy desventajosamente.

Si se sueña tener los ojos de otra persona, alguien le dejará a uno ciego; pero si se conoce mucho a la persona en cuestión, se conservará la vista y se obtendrán favores de esa persona.

§ 12. Llevar en sueños una **nariz** grande y hermosa es un bonísimo presagio; significa que se tendrá discernimiento, sagacidad y talento para los negocios y que se relacionará uno con personas influyentes. Lo contrario sucederá al que sueñe no tener nariz. A un enfermo este sueño le es nefasto, le anuncia su fin, pues la calavera no tiene nariz.

Es señal de disgustos domésticos tener dos narices.

§ 13. Verse en sueños con las **mejillas** infladas y aterciopeladas es de buen augurio para los durmientes, sobre todo para las mujeres; pero verse con mejillas cóncavas, pálidas raídas o despellejadas es una predicción de tristeza y de desesperación, porque, generalmente, los hombres con quienes la suerte sólo tiene crueldades y rigores se arañan las mejillas.

§ 14. Las **mandíbulas,** vistas en sueños, aparecen con la significación de bodegas, tiendas, almacenes, despensas y toda clase de lugares o muebles destinados a la conservación de mercancías, alimentos y drogas.

Los labios se refieren a las personas que nos abrazan habitualmente y que viven a nuestro alrededor, tales como la esposa, los hijos y los parientes próximos. Si las mandíbulas y los labios se nos aparecen disformes, llenos de úlceras o llagas, puede interpretarse como la advertencia de que la fortuna de nuestros parientes y amigos se halla comprometida o averiada.

§ 15. Para el que siente la ambición de hablar con facilidad y gracia, como los diplomáticos, los abogados y los filósofos, y para el que desea iniciarse en los negocios, es provechoso el verse aparecer con una larga y espesa **barba,** aunque sea tosca y enmarañada. La viuda que tenga un sueño semejante volverá a casarse, y su nuevo esposo será dulce y amantísimo, y la casada se quedará viuda, abandonará su marido, o será abandonada por él, y tendrá que dirigir sola su casa. No obstante, si esta mujer se halla embarazada, o ha de comparecer ante un tribunal de justicia, el sueño tendrá otro significado: será el anuncio de que dará a luz un hijo si se encuentra en estado de ser madre, o de que conservará inmaculado su honor y su dignidad después de haber comparecido ante la justicia.

Verse barbudo significa, para el hombre joven, un presagio de muerte temprana; pero el adolescente obtendrá por este sueño una situación adecuada a sus méritos.

Cuando un soñador vea caer súbitamente su barba, o que alguien se la arranca brutalmente, será huérfano, y, más tarde, luego de haber sufrido innumerables desdichas, quedará deshonrado.

§ 16. Los **dientes** superiores se refieren a las personas más consideradas y más aparentes de la casa; los dientes inferiores se refieren a aquellos de baja condición, como los servidores y las personas encargadas de los trabajos humildes. Por otra parte, es necesario considerar que la boca representa la casa y los dientes los habitantes de la casa: los del lado derecho son los hombres, y los del izquierdo, las mujeres; de otro modo: los del lado derecho representan las personas de edad; los del izquierdo, a las más jóvenes; los incisivos, a los de edad mediana, y los molares, a los ancianos.

El soñador que pierda un diente perderá también el pariente al cual se refiere este diente: mas, algunas veces, significa una pérdida de bienes. En este caso los molares están relacionados con los tesoros en metálico, los otros con los objetos de plata, con las riquezas domésticas y con otros objetos de menor valor.

Las personas llenas de deudas que sueñen haber perdido un diente, sea el que quiera, podrán pagar sus débitos. Ver caer de una vez todos los dientes significa que la casa va a ser abandonada por sus habitantes.

Para los que están enfermos, el sueño en el cual ven caer uno o varios de sus dientes es el presagio de una larga enfermedad, pero no de muerte. Es más favorable al enfermo soñar perder todos sus dientes, porque esto será indicio de una pronta convalecencia.

A los hombres que vegetan en la servidumbre les es muy favorable el verse desdentados: su emancipación llegará a ser posible; esta misma visión, para los comerciantes, significa un rápido incremento en sus beneficios.

Cuando los dientes crecen acaballados unos sobre otros indican que en la casa del soñador habrá desórdenes.

El sueño durante el cual los dientes se mueven, aunque sin desprenderse de su alvéolo, tiene idéntica significación.

Cuando los dientes aparecen negros, corrompidos y malolientes y se sueña perderlos, indica que nos veremos libres de turbaciones y miserias. Este mismo sueño, para algunas personas, ha precedido a la muerte de parientes de más edad.

Soñar que se tiene una dentadura de oro es favorable a los que estudian para hablar elocuente y correctamente; mas, para otros, es el presagio de un trastorno que le causará un incendio, y para otros, la predicción de enfermedades y de grandes cóleras.

Soñar con dientes de cera, de estaño o de plomo anuncia que perderemos el honor; si son de vidrio, o de madera, anuncian una muerte súbita; si aparecen de plata, que se adquirirán grandes riquezas con el concurso de la elocuencia. Este mismo sueño, cuando lo tiene un hombre rico, indica que se arruinará comprando manjares raros y provisiones de boca.

El hombre que sueña en perder sus dientes y en recobrar luego otros, cambiará de estado, con beneficio o perjuicio, según la cualidad de los dientes y su brillantez. El que sueña que recibe con la mano en el seno sus dientes perderá sus hijos, y si carece de ellos, sufrirá grandes pérdidas.

El hombre que sueña en limpiarse la dentadura con la lengua, inmediatamente pondrá fin a sus penas, y a su mediocridad, por la sola virtud de su retórica.

§ 17. El destino no será muy avaro de beneficios y de gracias con el que vea en su boca una **lengua** bien adaptada que le permita una clara elocución; pero abrumaría con trabajos dolorosos y dilatadas miserias al que sueñe con que su lengua está atada y que no puede hablar, porque los siervos y los humillados no pueden expresarse libremente.

Permítaseme referir las sentencias de uno de mis predecesores: el hombre que en sueños vea inflada su lengua caerá enfermo, si es soltero, y si es casado, su esposa sufrirá de enfermedades. El que observe que su lengua está caída, o paralizada, experimentará desgracias, y, a menudo, será engañado. El hombre, en fin, que vea mechones de pelos blancos o negros adornando su lengua deberá desconfiar de esta visión, a pesar de que algunas veces sea un signo de riqueza.

§ 18. La **sangre** roja y sana, vomitada en sueños, anuncia al hombre pobre que tendrá dinero, y que no sabrá qué hacer de él. También será favorable para el que no tiene hijos y los desea, y para el que anhela el retorno de un pariente que se halla en tierras lejanas.

Para el hombre que disimula su pensamiento o esconde su persona, el llevar un recipiente lleno de sangre significa que será adivinado o descubierto. El vomitar sangre corrompida es un presagio de enfermedad. La experiencia me ha demostrado que las personas que escupen sangre de entre los dientes se ven amenazadas de revueltas en sus casas y de trastornos en sus negocios.

Vomitar humores acuosos es un signo de muerte para los niños, y los que carezcan de ellos, serán despojados de sus bienes más estimados. Para los enfermos este sueño es precursor de la muerte.

Las mujeres que vomitan en sueños sus alimentos conocerán que su cuerpo es de disposición defectuosa y que no asimila las sustancias necesarias a la vida. Las que—y también sus esposos—vomiten sus propios intestinos recibirán su aviso de ruina y verán a sus hijos, si los tienen. en una situación desgraciada.

Este sueño es parecidamente fatal a los enfermos, y al que lo haya tenido deberá resignarse a morir.

§ 19. Todas las **llagas, forúnculos** o imperfecciones del cuello o de la barbilla, para el soñador, y cualquiera que sea su fortuna o condición, significan una enfermedad próxima.

Para el hombre que vive en la indigencia y en la desgracia le será favorable el verse portador de tres cabezas, porque será presagio de un retorno de la fortuna y al fin de sus tormentos. El hombre rico y poderoso que tenga una visión semejante conocerá las adversidades y las intrigas tramadas por sus próximos parientes y asociados.

§ 20. El que sueñe con ser **decapitado,** ya sea por orden de la justicia o por otra causa, perderá su padre, su madre o sus hijos; algunas personas que tuvieron este sueño perdieron sus esposas, sus amigos y sus administradores rurales; otras, perdieron sus inmuebles, unas veces por incendio y otras por ruina. La experiencia me ha demostrado que el menor mal que produce este sueño es la pérdida de objetos preciosos o necesarios.

Para los que estando acusados de un crimen se hallan en peligro de muerte, este sueño es feliz porque no es posible ser decapitado dos veces. Los deudores que hayan tenido este sueño se pondrán al corriente, y los viajeros proseguirán su camino.

A los negociantes, banqueros y capitanes de navío la decapitación predice grandes pérdidas de dinero. El que haya acudido ante la justicia en defensa y reclamación de una herencia ganará su pleito; mas el recurrente que pretende obtener la reparación de injurias o perjuicios perderá la causa.

Todo el que sueñe que su **cabeza** está torcida (tortícolis) y mira hacia atrás será prevenido contra el emprendimiento de cualquier negocio, porque sus esfuerzos serán inútiles y vanos. El que, hallándose en el extranjero, tenga este sueño, volverá a su hogar.

El soñar con tener, en lugar de la propia, una cabeza de león o lobo, de pantera, de elefante o de cualquier otro animal salvaje, podrá tenerse por buen augurio. Indica al soñador que sus trabajos y sus deseos, aunque sean ambición y por encima de su poder, serán llevados a buen fin. Yo he conocido a varias personas que ardientemente deseaban altos cargos y dignidades, a los cuales, ni su mérito, ni sus talentos, les permitían aspirar, y los obtuvieron por este sueño.

Y por el contrario, el verse portador, no de una cabeza de animal salvaje, sino de una de animal doméstico, como el asno, el caballo, el perro, el gato, etc., es signo de que caeeremos en la servidumbre y en el abatimiento.

El hombre que sueñe con llevar una cabeza de pájaro dejará su país, y en el extranjero llevará una vida errante y caprichosa.

Para el que no tiene ni hijos ni esposa y que desea la vuelta de una persona querida, que viaje muy lejos, es favorable el verse con la cabeza entre las manos.

El durmiente que se vea peinándose y adornándose cuidadosamente su cabeza y que la lleve entre sus manos, dirigirá felizmente sus negocios. Los cuidados y las dificultades se alejarán de él.

Quien se vea llevando su cabeza entre las manos y al mismo tiempo la conserve en su verdadero lugar, debe saber que este sueño tiene una significación parecida a la anterior.

§ 21. Verse en sueños llevando **cuernos** de buey, de jabalí, de ciervo, de carnero, de cabrón, de gacela o de cualquier otro animal cornudo, es un presagio siniestro y desgraciado. Avisa al soñador de que morirá decapitado, como suelen serlo la mayor parte de las bestias que he mencionado, o bien de muerte violenta, brutal y rápida.

§ 22. Es bueno el sueño en el que aparecen unas **espaldas** gruesas y bien proporcionadas, porque son signo de pujanza y de prosperidad. Los que se hallan recluídos o sufren el yugo de un amo, en él deberán ver el signo de una prolongada cautividad o de una larga dependencia.

Si las espaldas aparecen descarnadas, arruinadas o enfermas, significarán lo contrario de lo escrito más arriba, y la mayor parte de las veces predecirán al soñador la enfermedad y la muerte de uno de sus hermanos o hermanas.

§ 23. Un **pecho** blanco y perfecto es de buen presagio, mas un pecho velloso únicamente es favorable al hombre al que le proporcionará ganancias; pero la mujer, en cuanto tenga este sueño, quedará viuda.

Los **senos** bellos, turgentes y sin máculas, están llenos de promesas para el soñador, sobre todo si se aparecen copiosos y de tamaño incomún; si son de volumen medio y de graciosas proporciones, predicen el nacimiento de un hijo y el advenimiento de numerosos bienes. Los senos heridos o plagados de úlceras son anunciadores de males cercanos.

Los senos caídos, flácidos y blandos, significan la muerte de un hijo, y si el soñador no los tiene significan su empobrecimiento. Este sueño previene a la nodriza la muerte de su cría.

Varios senos vistos a la vez, para el hombre, tienen la misma significación que los senos de gran tamaño; mas, para la mujer, son el presagio de su caída y de su abatimiento, y la advertencia de que se dedicará a la prostitución.

El sentirse herido en los senos por una persona familiar, para el viejo significa el descubrimiento de una mala noticia; mas, para los jóvenes, es un signo cierto de amor.

§ 24.   Para las personas de condición manual el verse con **manos** grandes y fuertes es una predicción de bienaventuranzas. El que tema ser encarcelado o secuestrado debe preocuparse de este sueño.

En un capítulo precedente he dicho ya que la mano derecha significa el padre, el hijo o el amigo, y la izquierda, la esposa la madre, la criada o la hermana; pero la mano derecha puede referirse también a los bienes que deseamos adquirir, y la izquierda a los bienes ya adquiridos. Por consiguiente, si soñamos haber perdido una u otra mano, tendremos que resignarnos a no obtener las riquezas deseadas o a perder las que se poseen.

Perder varios o todos los **dedos** es un signo de desdicha o de traición de los criados. A los escribanos y a los abogados les indica que permanecerán inactivos y faltos de ganancias; para las personas endeudadas, que pagarán mucho más de lo que deben; para los prestamistas, que perderán sus préstamos. No obstante, he conocido a un hombre que soñó no tener dedos y pudo tomar un préstamo sin obligación alguna.

Tener seis dedos, o en número mayor del natural, es un sueño que predice algunas veces lo contrario del en que aparecemos sin dedos. Muchas personas han dicho que éste era un sueño favorable siempre, mas yo puedo asegurar que se han engañado. Por otra parte, forzosamente hemos de sentirnos confusos para usar más dedos de los que concede la naturaleza.

Soñar que de las falanges salen mechoncitos de **pelos,** es un signo de cautividad y de servidumbre: soñar que estos pelos se hallan en la palma de la mano es, principalmente para los agricultores y las personas de condición mecánica, un signo de ociosidad.

El menestral y el obrero que en sueños se vean con varias manos pueden alegrarse, porque significa que tendrán tantas ocupaciones que le serán necesarias todas aquellas manos. La experiencia me ha demostrado que este sueño es venturoso para las personas honestas y buenas, las cuales ganarán en comodidades para el porvenir; mas, para los criminales y los malvados, indica que les echarán mano y que perderán la libertad.

§ 25. Los **costados** y los **intestinos,** vistos en sueños, se refieren a la salud del durmiente; presagian también el aumento de su bienestar, por lo cual, si ve estas partes en cuerpos heridos y martirizados, deberá esperar una enfermedad o embarazos monetarios.

El **ombligo,** al soñador que aun tiene padres, le anuncia que los perderá; a otros, que se desterrarán o que serán desterrados.

§ 26. Los que sueñen **hallarse muertos** y vean el interior de sus cuerpos con todos los órganos dispuestos normal y naturalmente, deberán considerarlo como un presagio feliz, si no tienen hijos o si están sin recursos, porque unos serán padres y los otros ganarán algún dinero. Los ricos y los que no tengan completa santidad de conciencia experimentarán algunas sorpresas dolorosas y, a veces, hasta vergüenza.

El durmiente que aperciba a un extraño observando sus propias **entrañas** caerá en una serie de litigios embrollados, conocerá la difamación y tendrá procesos enojosos.

Cuando el soñador vea abierto su cuerpo, pero sin aparecérsele las entrañas, habrá de deducir que su casa será abandonada, que sus hijos morirán y que le amenazan las enfermedades. Sin embargo, este sueño aliviará al que vive en la miseria y le librará de sus tristezas.

Es preciso considerar, además de lo que acabo de decir, que el **corazón,** si quien sueña es una mujer, significa su marido, y si es éste quien sueña, su mujer. Lo mismo debe entenderse sobre los pulmones.

El **hígado** se refiere a los hijos, a los alimentos o a los forrajes de los animales. La hiel representa los humores melancólicos, la plata y, más a menudo, las mujeres. El esófago se refiere a los niños, porque, como ellos, nos atosiga pidiendo alimentos; pero también se refiere a los usureros y a los acreedores. Los **riñones** representan los hermanos y los parientes varones alejados de nosotros. Las predicciones de las vísceras es necesario considerarlas según el estado de validez o de inutilidad en que aparezcan.

§ 27. El **miembro viril** es la representación del padre, de la madre del soñador, de sus hijos, de su esposa, de su concubina, de sus hermanos y de sus primos. Guarda, además, una relación con su salud y con su robustez, porque es fuerte, abundante y fértil; con las riquezas y las posesiones, porque, como éstas, crece y disminuye; con las confidencias y con los secretos, toda vez que se le tiene por una cosa vergonzosa; con la pobreza y el servilismo, porque se le considera necesario; y, en fin, con las dignidades y los honores.

Quien vea su órgano viril en su sitio y en estado normal, podrá saber que esto significa la duración de las cosas o de los seres

que representa; si le ve crecer, las personas
o cosas crecerán; si le ve disminuír, disminuirán. Si se ve flanqueado por dos miembros
sabrá que el efecto de las cosas representadas será doble, con excepción de las que se
refieren a su esposa o a su concubina, porque
un hombre no sabría usar simultáneamente
dos miembros.

La **ingle,** vista en sueños, tiene la misma
significación que el miembro viril, así como
también los **muslos,** fuera de cuando aparecen mojados, porque en este caso, para lo
ricos, son un presagio de gastos de ornat
y superfluos, seguidos de perjuicios y de pér
didas

§ 28. Las **rodillas,** vistas fuertes y robus-
tas, significan que haremos traslados o viajes
en medio de la abundancia; mas, vistas del-
gadas o torcidas, indican que permaneceré-
mos en situación sedentaria y de salud débil.

Todo el que vea una planta o un árbol sobre sus rodillas sufrirá tropiezos en sus asuntos, y el que esté enfermo morirá. (Con mucha frecuencia las rodillas aparecidas en sueños conciernen a los hermanos, a los hijos
o a diversas personas de la familia.)

Las **pantorrillas,** los **pies** y los **talones** tienen casi la misma significación que las rodillas.

Para los armadores y los negociantes, el soñar con tener varios pies será de buen augurio, porque esto les anunciará el mando de un personal numeroso y, por consiguiente, la prosperidad. Todo hombre que dirija o gobierne a otros hombres, al tener este sueño obtendrá la fidelidad de ellos y la seguridad en sus empresas. Este sueño es también favorable para el que se halla en la indigencia, pero es funesto para las personas ricas.

Muchas gentes que en sueños se vieron con cuatro o cinco pies fueron atacadas de ceguera, y otras, de conciencia y de costumbres avillanadas, fueron puestas, por enclaustramiento, en posición de no poder hacer daño a nadie.

El durmiente que vea sus pies en el fuego es prevenido de que se verá abrumado por los duelos y será empobrecido, pero los que sientan la ambición de ganar recompensas en las carreras y en los juegos que necesitan agilidad deberán felicitarse por este sueño, porque adelantarán a sus competidores.

§ 29.   La **espalda** y toda la parte posterior del cuerpo se refieren a la vejez del soñador.

Tendrá una vejez feliz o desgraciada, alegre o triste, según que sueñe tener la espalda y la parte posterior del cuerpo exenta de máculas o llena de úlceras y verrugones.

IV

LOS SUEÑOS DE ACCION

§ 1.   Cuando un individuo de pequeña estatura se vea en sueños alto y se sienta **crecer** más y más, sin alcanzar, no obstante, proporciones desmesuradas, podrá esperar un suplemento de trabajo y un aumento de fortuna; pero si se ve de una estatura sobrenatural el sueño le será funesto, y morirá.

También será nefasto el sueño en que los niños y los viejos se vean **convertidos** en hombres **jóvenes,** porque los primeros se debilitarán, y los segundos caerán en una entristecedora senilidad.

Un hombre pobre que **cambia de sexo** podrá considerarlo como buen augurio: desde el instante en que tenga este sueño alguien se preocupará de su manutención y de sus necesidades; mas, el hombre rico, aunque se ocupe en cargos públicos, verá anularse su autoridad, porque las mujeres sólo se hallan acostumbradas a las necesidades domésticas y vulgares. Este sueño, a los que trabajen con sus brazos, les hará caer en la consunción, porque las mujeres son más frágiles y menos resistentes que los hombres.

La mujer que cambie de sexo obtendrá un marido, si es soltera; un hijo, si es estéril; pero si es casada y madre, quedará viuda.

Si la mujer vive en estado de sirviente no conquistará la libertad por soñar verse con el sexo de varón. Todo lo contrario, porque esto es el signo de una más prolongada servidumbre y de penalidades que soportará con la entereza de un hombre. Este sueño es favorable para la prostituta, porque abandonará su vergonzosa profesión.

Si un hombre o una mujer ricos se ven convertidos en **estatuas** de oro, serán ricos; pero si son ricos estarán a merced de maniobras rastreras, porque el oro, más que nada, es espiado y codiciado.

El enfermo que sueña estar hecho de metal precioso o de bronce, sucumbirá; pero el soldado y el servidor ganarán: uno, honores, y el otro, la libre disposición de su persona.

Quien sueñe hallarse construído de hierro

experimentará calamidades sin fin, y el que sueñe estar petrificado entre tierra, morirá, a menos de que sea alfarero.

Si el durmiente se ve súbitamente cambiado en bestia, deberá interpretar su visión según la especie a que pertenezca el animal. En el segundo libro se encontrarán las indicaciones necesarias para interpretar este sueño.

He observado que los soñadores siempre han obtenido buenos resultados de verse hermosos, amables y de aspecto cómodo y agradable. Sin embargo, no es necesario que la belleza y la gracia que tengamos en los sueños esté fuera de razón y de medida, porque el verse demasiado bello, demasiado valiente y demasiado amable, no es mucho más ventajoso que el verse enormemente feo, bajo o perverso, enfermedades y vicios que ocasionan la muerte al enfermo; y la sorpresa, la traición y el desencanto a los enamorados.

§ 2. Se debe juzgar bueno el sueño en el cual nos veamos ejecutando con facilidad los **trabajos** habituales a la profesión que hemos abrazado; nos permitirá llevar nuestros proyectos y empresas hasta alcanzar el fin deseado. Pero si nos vemos obstruídos en el cumplimiento de estos trabajos, si se complican y se embrollan de tal modo que no podemos desenmarañarlos, será necesario prever lo contrario.

El que sueñe hacer un trabajo extraño a su oficio o profesión y que, no obstante las dificultades y la falta de experiencia, la lleve a buen fin, podrá considerarlo favorable; si las dificultades le detienen en su tarea y se ve en la precisión de renunciar a ella, sufrirá grandes trastornos, conocerá los sinsabores y será ridiculizado.

Verse ejercer labores agrícolas: sembrar, plantar o laborar, es una indicación feliz para quien desee casarse y tener hijos, porque el campo representa la mujer, y las siembras y los árboles, los niños. (El trigo se refiere a los niños, la cebada a las niñas; pero ésta anuncia también los embarazos laboriosos y los abortos.) Para los que no se hayan en estas disposiciones de espíritu tal sueño representa enfermedades y molestias. El paciente que se encuentre en la casa donde alguien tenga este sueño habrá de disponerse a morir, porque las simientes y las plantas se entierran como los muertos.

Cosechar, vendimiar, briznar y dar una tercera labor fuera de las épocas habituales en que se hacen estos trabajos rústicos, son otros tantos avisos al durmiente de que sus éxitos serán retardados y diferidos hasta el momento normal en que deben ejecutarse esos trabajos.

Soñar que gobernamos con gran habilidad un navío, evitando los escollos, es una predicción afortunada; pero es necesario que el objeto propuesto sea logrado sin gran dificultad, porque si en este mismo sueño nos vemos asaltados por el oleaje, si la tempestad amaga y si el barco resulta averiado y destrozado, habremos de esperar, según me demostró la experiencia muchas veces, toda clase de males y de trastornos.

Colocar, cortar o ajustar cueros, generalmente es de buen augurio, puesto que para ejecutar estos trabajos es preciso que las medidas sean exactamente calculadas. Este sueño es muy afortunado, sobre todo para los que piensen casarse y aun para el que tiene la intención de vivir en estado ilegal con una mujer, toda vez que las costuras de los cueros se hallan perfectamente unidas y cerradas. Mas, teñir pieles durante el sueño, es de mal augurio: nos indica que nuestros secretos serán revelados, pues el hedor que exhalan los cueros es inaguantable.

El que se vea ejercer la profesión de **orfebre,** debe saber que le amenazan toda suerte de maleficios, por causa de que los orfebres usan ácidos, venenos y cadenas.

Los charlatanes, las adúlteras, los hombres inconstantes, los aduladores y todas personas de baja condición a quien la falsedad y el disimulo les son habituales, obtendrán buenos resultados del sueño en que se vean **modelando, grabando** o **dibujando** imágenes, porque las artes no son otra cosa sino ficciones y sólo nos muestran las figuras y las cosas por medios artificiosos. Para las personas sabias y probas, también es favorable este sueño, el cual les traerá el renombre y la gloria, puesto que las producciones artísticas generalmente son admiradas por el gentío.

§ 3. Forjar el **hierro,** golpearlo sobre el yunque, limarle o pulirle en sueños, son presagios detestables, porque nos anuncian enredos y pleitos.

Es necesario interpretar en el sueño el sentido de las artes y de los trabajos, según la naturaleza de estas artes o de los trabajos, y según la naturaleza del soñador. Mejor que el vernos manejando útiles, es preferible vérselos manejar en sus talleres a los artesanos y a los obreros.

Las **herramientas** tienen sentidos muy diversos. De un modo general, los que se utilizan para rajar o hendir significan perjuicios y discordias; pero los que unen el material y pintan los objetos, tienen el significado de casamiento y de alianza, si bien predicen que los viajes proyectados no podrán llevarse a efecto. Las herramientas que sirven para suavizar y aplanar las maderas, los metales y las piedras, presagian cesación de enemistades; las que utilizamos para enderezar los objetos o para colocar simétricamente sus partes, anuncian, a quienes tienen hechos y pensamientos secretos, que serán descubiertos y frustrados. Es idéntica la significación del sueño en el que vemos dibujos geométricos.

§ 4. **Deletrear** es un signo afortunado para el analfabeto, que obtendrá algún bien, aunque no sin pena y titubeos; mas, para el que sabe **leer,** el aprender de nuevo no es una buena predicción: significa un embrollo de los negocios y una conclusión infortunada. Al que desee tener un hijo este sueño le indicará que sus votos van a ser cumplidos: no es él quien aprenderá a leer, sino el niño.

Si un griego aprende a leer los caracteres romanos o si un latino aprende a leer los caracteres griegos, uno y otro serán prevenidos por este sueño de que van a cambiar de país. Yo he conocido varios romanos que tuvieron este sueño que se casaron con griegas, y a varios griegos que se casaron con romanas.

Quien lea correcta y limpiamente escrituras complicadas y extrañas, recibirá el aviso de que se halla destinado a vivir en países lejanos, en los cuales ganará riquezas y la consideración de los naturales; si las descifra penosamente y las tartamudea, el sueño le habrá indicado todo lo contrario.

El enfermo que lea caracteres desconocidos para él sufrirá un frenético delirio, porque en los accesos violentos de la fiebre los enfermos hablan un lenguaje desordenado y salvaje.

Cualquiera que sean el texto o la carta que el soñador se esfuerze en vano por descifrar, estos caracteres o escritos le anuncian una vida tumultuosa; pero conocerá que estos trastornos o vagabundeos serán de corta duración si el texto indescifrable es breve, mientras que serán largos y graves si el texto es copioso y de varias páginas.

§ 5. Verse jugando a la **peonza** indica que tendremos alguna pena y la carga de trabajos complicados; pero estas pequeñas inquietudes se disiparán en seguida y los trabajos serán llevados a buen fin.

El soñador que se vea **jugando a la pelota** sufrirá muchas molestias y sostendrá enojosos pleitos. Muy a menudo los que tienen este sueño se enamoran de una prostituta, porque la pelota es como la imagen de las mujeres públicas, cuya existencia es dispersa y que, como la pelota, pasan sin cesar de los brazos de uno a los brazos de otro.

Tener balas de **plomo** saltando en las manos es un indicio de grandes fatigas y de fracasos en las empresas.

Todo el que se vea trasportando pequeños pucheritos y vasijas, como las que emplean en sus juegos los niños, se querellará.

Ya hablaré más adelante de la lucha.

§ 6. Los hombres insultadores y belicosos y los que han perdido sus servidores o empleados podrán considerar un sueño feliz el verse soplando una **trompeta.** Sin embargo, y a causa del agudo sonido de este instrumento, deberá resolverse a la divulgación de sus secretos. Si el soñador está enfermo, generalmente muere; en cambio, las personas que se hallen sirviendo recobrarán su libertad.

Tocar el **clarín** es una predicción funesta, porque nos previene de emprender todo negocio e inclina al soñador hacia los pleitos. Por lo demás, todo instrumento en el cual se vea soplando el durmiente es de mal augurio: todos significan dificultades y complicaciones.

El que sea pregonero público será advertido de que experimentará los efectos del en que se vea soplando una trompeta.

Quien se vea tocando la **zampoña** o la dulzaina podrá regocijarse, porque este sueño es siempre portador de gratas nuevas; pero todo el que se vea cantando o tocando el arpa en las ceremonias civiles o religiosas, solamente podrá felicitarse si proyecta un matrimonio, porque este sueño se opone al buen éxito de cualquier otra empresa.

He conocido a varios hombres para los cuales, a causa de que las cuerdas del arpa están hechas de nervios, este sueño ha sido el anunciador de un ataque de gota.

El soñador que **asiste a la representación** de una tragedia o que **desempeñe un papel** en esta tragedia, será injuriado y burlado; mas si, por el contrario, asiste a la representación de una farsa cómica o tiene en ella un papel cómico, verá coronadas sus ambiciones y sus negocios prosperarán.

Cuando escuchemos cantares o **músicas** experimentaremos sinsabores y decepciones.

Puede considerarse un buen sueño el montar un hermoso **caballo,** porque este animal representa la esposa o la concubina. Según que el jinete cabalgue con soltura o con dificultad, recibirá penas o alegrías de las personas representadas por su montura.

El caballo, visto en un navío, se refiere a una persona influyente o a un amigo fiel. El **carro** tiene la misma significación que el caballo, *menos para el enfermo,* a quien le anuncia la muerte, como también morirá el paciente que se vea caminando a caballo por el campo y por los bosques; mas si cabalga por la ciudad, se curará.

Para todo soñador es un indicio de muerte prematura el guiar un cochecillo por entre los bosques, las llanuras descubiertas o las playas desiertas.

Verse **correr** es un sueño excelente para el enfermo, con la condición de que llegue fácilmente y sin fatigarse al término de su carrera, porque esto le indica que el fin de su vida se acercará sin grandes sufrimientos.

§ 7. El soñador que se vea **cesante** o

desposeído de sus cargos o atribuciones, que se vea despojado de su oficio o despedido, sufrirá dolores y humillaciones. El paciente que tenga este sueño no tardará en morir.

§ 8. Verse **luchando** con algún pariente es el anuncio de grandes querellas y discusiones; vencedor de la contienda en la lucha vencerá también en la disputa. En el caso de que la discusión empeñada entre el soñador y su pariente tenga por objeto el reparto de una herencia, será el vencido quien triunfará.

El que luche con un desconocido se halla bajo la amenaza de una grave enfermedad. El hombre que luche con un niño y lo derribe perderá un miembro de su familia; pero si es vencido por el niño, caerá enfermo o será burlado públicamente.

Cuando un adolescente se vea luchar con un hombre en la plenitud de su vida podrá considerarlo como un buen presagio: realizará grandes designios y obras más bastas de lo que se le suponía capaz; mas, por el contrario, si se ve luchando con un soldado, el sueño le será desfavorable.

El que se vea luchar con un muerto tendrá, sin la menor duda, un pleito con los herederos del difunto, por lo cual, en este sueño, será preferible siempre ver tambalearse al muerto y caer en el polvo, mejor que ser derribado y vencido por sus esfuerzos.

No es favorable el soñar que nos batimos a **espada** con alguien; quien sueñe esto experimentará vergüenza y pérdida de dinero. Los carniceros, los matarifes, los cocineros y los médicos, que, por razón de sus profesiones, esparcen la sangre, son los únicos que podrán tener sin peligro alguno esta visión.

§ 9. La mayor parte de las **legumbres** secas, vistas en sueños, provocan las desgracias. Sin embargo, es necesario exceptuar el arroz, que inclina a la persuasión, y que, además, es favorable a los navegantes y a los oradores, porque a los primeros les promete travesías felices, y a los segundos, que recibirán las luces de la razón.

Las habas nos anuncian probables desacuerdos; las lentejas, lágrimas y sollozos; el maíz, un terror enorme; el trigo moreno, la miseria. Para los médicos, los granos de lino y de mostaza les anuncian la dicha; para los demás hombres tienen la significación de grandes fatigas o de denunciamientos.

§ 10. Quienes se vean sumergidos y **lavándose** en piscinas de agua limpia y fresca pueden esperar la prosperidad de sus negocios y la fortaleza de sus cuerpos. En cambio, no es favorable el soñar que nos bañamos vestidos o de cualquier otra manera extraña al uso común: semejante sueño es anuncio de enfermedad o de acontecimientos enojosos.

El presagio es manifiestamente terrible para el pobre que se vea lavarse con cuidado; el presagio es todavía peor si este hombre, desprovisto de fortuna, se ve frotado por otros hombres, porque después de este sueño no dejará de caer en una completa flojedad y en la consunción. El rico, por el contrario, debe hallarse, cuando se lave en sueños, rodeado de criados y sirvientes domésticos, pues si se encuentra solo experimentará algunos trastornos.

De una manera general, es necesario tener por sueño nefasto cuando nos veamos en una estufa sin poder **sudar,** como también es desfavorable el ver una piscina en un lugar público o seco. Estas visiones dan un giro deplorable a nuestros asuntos, aun hasta en el caso de que sólo esperemos ganancias limitadas. He conocido a un tocador de cítara, quien soñó que antes de tomar parte en los juegos de Adriano, quiso bañarse, no encontrando agua en las piscinas: fué acusado de corrupción y echado de los juegos, y lo que buscaba no pudo encontrarlo, pues el baño guarda una relación con el teatro.

El enfermo que se vea sumergido en una corriente de **agua caliente** natural recobrará la salud; pero el hombre sano que tenga este sueño caerá en la invalidez. Panyasis de Halicarnaso, muy erudito en la materia, da la razón de esto.

Todo soñador sacará beneficios morales y materiales si se ve lavándose su cuerpo en las **fuentes, ríos** o estanques, con la condición de que no esté nadando, porque el **nadar** es un signo de peligro y de sufrimientos físicos.

Limpiar las esponjas, las sábanas y todos los demás efectos utilizados en el baño es un presagio de servidumbre; mas si, por otra parte, estos objetos son extraviados por el soñador, éste dirigirá sus negocios de una manera torpe, hasta el punto de que se le juzgará desprovisto de buen sentido. Las esponjas y las toallas, por guardar el sudor del cuerpo, anuncian desgracias y pérdidas; algunas veces tienen relación con las cortesanas que, en alguna forma, producen un efecto parecido sobre el hombre.

Los tarritos de crema y de aceite y los cofres donde se colocan los utensilios de la "toilette" predicen al soñador una esposa laboriosa y fiel; para algunos pueden anunciar una buena sirviente; a otros, una doméstica útil y devota a su persona.

§ 11. **Beber agua fría** es de buen augurio; pero si la bebemos caliente, es presagio de enfermedades y de fracasos.

Beber **vino** en cantidad razonable, sin llegar a la embriaguez, es un buen sueño; pero si lo bebemos hasta que nos haga caer en tierra y permanecer como muertos, indica que el soñador se verá atormentado por males graves e innumerables. La misma significación puede aplicarse para el que sueñe hallarse en compañía de personas escandalosamente ebrias.

Beber brebajes y vinos preparados es excelente para las personas ricas, a causa de su delicado gusto; mas los indigentes y los individuos de ásperas costumbres deberán tenerlo por un sueño de malos resultados, porque estas gentes raras veces suelen beber vinos de altos precios, y solamente lo hacen en los casos de extrema debilidad y languidez.

Todo el que se vea bebiendo **salmuera** llegará a ser tísico, y todo el que se vea bebiendo aceite debe saber que su vida se halla amenazada, probablemente, por medio del veneno.

El que, teniendo **sed,** encuentre secos los pozos, las fuentes o los ríos, no podrá desembarazarse de las turbaciones y molestias que obstruyan su vida ni terminará su obra; mas, por el contrario, sacará buenos provechos si el agua de estos pozos, ríos o fuentes es fresca y **abundante.**

Quien se vea bebiendo en **vasos de oro** obtendrá provechos y seguridades, a causa de la materia de que están hechos; como igualmente si bebe en vasos de cuerno, porque el cuerno no se rompe nunca. Mas quien beba en frágiles copitas de vidrio, a causa de su poca consistencia habrá de considerarlo como un presagio nefasto.

Por otra parte, los vasos en que bebemos se refieren a los amigos que nos son queridos; así, el vaso que, en sueños, se nos rompa, indica la muerte de un amigo. Me han sido referidos innumerables sueños en los cuales se rompieron vasos de vidrio: los navegantes que los tuvieron, naufragaron. Sin embargo, hay unos vasos de gargantas estrechas que, rotos en sueños y dispersados en trozos menuditos, anuncian al durmiente el fin de sus cuidados, de sus tribulaciones y de sus angustias.

§ 12. Las **hierbas** y las **raíces** que tienen un olor fuerte nos significan, cuando las comemos en sueños, que nuestros secretos serán pronto conocidos por todo el mundo, y que habremos de tener muchos jaleos y litigios.

Las hierbas o las raíces que raspamos o limpiamos antes de comer nos advierten, a causa de los desperdicios que dejan, que sufriremos pérdidas.

Las legumbres que, como el maíz, tienen una especie de cabeza y constituyen una buena nutrición, son favorables a los soñadores, salvo para aquellos que defienden ante la justicia un proceso de herencia, porque estas legumbres se arrancan por completo de la tierra, con su cabeza, tallo y rama.

Las **coles** no benefician a nadie, ni siquiera a los taberneros, hoteleros y vendimiadores, porque ni la viña ni la col se entretejen jamás; los **nabos,** las **zanahorias** y los **rábanos** solamente nos dan esperanzas vanas, a causa de que son poco substanciales. Los enfermos y los peregrinos que vean estas legumbres se hallan en peligro de ser heridos. El **pepino,** sin embargo, visto por un enfermo, es presagio de recobrar la salud.

Los **melones,** favorables a la amistad y a los enlaces, se oponen al triunfo de los proyectos y trastornan los negocios.

El que en sueños coma **cebollas** tiene motivos para regocijarse, porque se realizarán sus esperanzas. El enfermo que sueñe comerse una gran cantidad de cebollas, curará; pero si solamente se ve comer una, habrá de resignarse a morir.

Todos los granos que tenemos la costumbre de comer en el potaje, como las habas y las judías, tienen malas significaciones; es preciso exceptuar los guisantes, los cuales son favorables verlos en sueños, porque nos incitan a la confianza.

§ 13. **Comer pan** es un presagio feliz, *pero con la condición de que el soñador se vea comiendo el pan que pertenece a su estado de fortuna y situación en la sociedad*: si es rico y poderoso, deberá comer pan blanco; si es pobre y débil, habrá de comer pan negro, porque los pobres que sueñan comer pan blanco caen enfermos inmediatamente, y los ricos que sueñen comer pan negro hallarán obstáculos en sus empresas y experimentarán numerosas dificultades.

Ya sea el soñador poderoso o humilde, el comer pan de harina de trigo puede considerarse como un sueño excelente. Las féculas, vistas o comidas en sueños, producen los mismos efectos y consecuencias que el pan.

Con la excepción de la carne de buey y de carnero, que significan lamentaciones, perjuicios y embrollos, es bueno para el soñador el verse comiendo **carnes** que él mismo haya preparado.

La carne de puerco, cocida, frita o asada, generalmente es beneficiosa y nos augura provechos; pero si soñamos comerla cruda, nos infligirá grandes pérdidas. Además, toda carne comida cruda es un signo de empobrecimiento o de desaparición de algún objeto precioso o muy raro.

Numerosos ejemplos me han demostrado que resulta favorable el vernos comiendo carne humana, si la persona que nos comemos nos es desconocida, pues si esta persona nos es familiar o amiga, morirá.

El que coma pájaros o patos pequeñitos obtendrá grandes beneficios, como igualmente el que se nutra de caza mayor o de venados, porque esto significa que vencerá a sus rivales y les arrebatará considerables bienes y propiedades.

Todo el que se vea **comer pescados** asados podrá tenerlo por un sueño venturoso; pero es necesario que estos pescados sean de gran tamaño, pues los pequeños, como tienen más espinas que carne, provocan enemistades y conflictos con las personas más íntimas o con los parientes.

Todas las conservas y salazones, ya sean de carnes o pescados, nos son francamente hostiles: nos anuncian molestias, el entorpecimiento en los negocios y, a menudo, enfermedades.

Los **pasteles** hechos de harina de flor y cocidos bajo la ceniza son un buen presagio; pero si los rebozamos en leche y huevos, estamos amenazados por la traición y por maniobras fraudulentas.

Las **aceitunas** y todos los **frutos confitados** significan lo mismo, y no citaré aquí las confituras que, apiladas o mezcladas, son funestas para el soñador.

Comer **manzanas** maduras, dulces y jugosas es un signo de felicidad y de alegría; mas si están ásperas y verdes indican escándalos y desórdenes en nuestra casa.

Los **membrillos** nos inclinan a la tristeza; las **almendras,** las **nueces** y las **avellanas** simbolizan las agitaciones y la mala inteligencia.

Los **higos,** que son de buen augurio comidos en su época, presagian calumnias y detracciones cuando aparecen al soñador en los meses en que los árboles no los dan. Las **uvas** en todo tiempo nos son favorables, y casi siempre significan que las mujeres tendrán con nosotros bondades y generosidades.

Las **granadas** representan heridas, a causa del color de sus granos; los albérchigos, los albaricoques, las ciruelas, las cerezas y todas las frutas análogas tienen la significación de voluptuosidades defraudadas, si las comemos en su tiempo; fuera de tiempo indican traba-jos penosos y vanos. Las **moras** tienen la mis-ma significación que las granadas; cuando en sueños vemos en pie y vigoroso el árbol que las produce, podemos considerarlo como un indicio de que nuestra descendencia será nu-merosa; pero el soñador que lo vea desarrai-gado y abatido, perderá todos sus hijos. Las peras, vistas en perales bien cuidados, son un indicio favorable; los perales y las peras sil-vestres sólo producen beneficios a los campe-sinos.

§ 14. Entre los utensilios de cocina que se nos pueden aparecen en sueños, los **puche-ros** representan nuestra vida; los **platos,** así como el hogar, representan nuestros gestos y nuestras acciones. Por consiguiente, según que veamos estos utensilios de pequeños y bastos convertirse en grandes y preciosos, o de preciosos y grandes convertirse en toscos y pequeños, habremos de juzgar nuestros gestos, nuestras acciones y nuestra vida. La transformación en la belleza y valor de estos objetos nos será muy favorable; su afeamiento o su depredación nos serán nefastos. Conviene interpretar de igual modo todos los sueños en los cuales se nos aparezcan utensilios domésticos.

El **candelero** se refiere a la mujer; la **lámpara** y las linternas al dueño de la habitación y a los sentimientos amorosos. Lo mismo que los cacharros, los muebles y la **mesa** representan la vida del soñador y se hallan relacionados con su estado de salud. La cama, las almohadas y todos los objetos de lencería se refieren a la mujer del que sueña, a sus actos y a sus proyectos.

Las barricas y recipientes en que se guarda el vino representan a la vez al dueño de la casa, a sus criados o a las personas a quienes da un jornal. Los tablones que sostienen las mesas se refieren a los individuos de la oficina y a los intendentes y gerentes de las explotaciones rurales. Las **arcas** en que se guardan las legumbres y los forrajes conciernen a las acciones de la mujer, que representan. En los sueños en que aparezcan será preciso juzgarlos según el estado de conservación o de vetustez, de riqueza o de simplicidad en que se hallen, y referiremos a la dama las predicciones que nos haga esta visión.

§ 15. Verse en sueños untarse con **aceites,** con cremas o con **pomadas** y pintarse el rostro no es mal presagio para las mujeres, salvo para las que sean regañonas y despóticas. Generalmente suele ser perjudicial a los hombres, a menos que tengan la costumbre de pintarse el rostro, cosa no muy corriente, si no son cómicos o saltimbanquis.

§ 16. Todo el que se vea **bailando** en su casa, ya solo o en compañía de su esposa, de sus hijos y de sus parientes, o, todavía mejor, delante de ellos, podrá considerarlo como un sueño feliz sue le predice el advenimiento de riquezas adquiridas en la serenidad y en la alegría. El que, estando enfermo o que tenga enfermo alguno de sus parientes, de este sueño sólo podrá esperar sufrimientos y penalidades. Lo mismo ocurrirá para el que se vea o vea a su mujer y a sus hijos danzar y saltar en presencia de personas desconocidas.

Si vemos bailar a un pequeñuelo, será un signo de que este niño será mudo. Los criados y los hombres que vivan en dependencia habrán de temer este sueño, así como también los marinos y los navegantes, porque los primeros serán pegados e insultados, y los últimos, perecerán entre las olas.

Toda persona que se vea bailando en un lugar elevado, en los mástiles de un navío, por ejemplo, o sobre los techos de una casa, sabrá que le acechan los peligros, y si su conciencia no está muy limpia, podrá ocurrir que sea juzgada y ejecutada después de haber tenido este sueño.

Divertir, provocar la risa en los demás por medio de muecas y de *gestos grotecos*; imitar a nuestro vecino, ridiculizándolo, son otros tantos sueños que nos prometen decepciones.

El que cante en sueños con una voz agradable y mesurada, obtendrá ventajas, sobre todo si es músico: pero si canta sin armonía y desentonado, es un signo de que caerá en la pobreza, luego de haber fracasado en sus empresas.

Cantar caminando es un presagio feliz, y más aún si nos vemos empujando un arado, porque esto indica una existencia honrada y dichosa; cantar en el baño indica que nos quedaremos afónicos; yo he sabido de varias personas que tuvieron este sueño que, sin razón o con ella, fueron condenadas a trabajos forzados o a prisión.

Quien cante en los mercados y en los lugares públicos será deshonrado y vivirá en la vergüenza, si es rico; si es pobre, terminará en la demencia y en el frenesí.

Las **coronas** y guirnaldas de **flores** frescas y bellas, vistas en la estación propicia al desvanecimiento de las flores que las componen, casi siempre son favorables. En cambio, una corona de lis seca es de mal presagio. Es prochoso ver violetas en primavera, y perjudicial si las vemos en otras ocasiones, y las blancas invariablemente son peor que las negras.

No siendo para el enfermo o para el que esconde su persona o sus pensamientos; las coronas de rosas son favorables para todo el mundo, pero el enfermo morirá, y la persona escondida será denunciada y sus secretos serán adivinados, porque las rosas se revelan y se descubren por sus perfumes.

Las guirnaldas de terciopelo son favorables a todos, hasta a los que se debaten entre litigios y procesos; pero las coronas de lis retardan el éxito de los negocios, aunque dejan al soñador una gran esperanza de triunfo.

Las coronas y guirnaldas de berros, de espergulas, de flores llamadas "paciencias" o "semejante", las mejoranas, etc., generalmente son presagios enfadosos, porque lo más a menudo significan una próxima enfermedad. La vista de coronas de perejil *debilitan al enfermo y lo matan*; las guirnaldas hechas de palmas y de ramas de olivo trenzadas son anuncio de casamiento de las muchachas de la casa, y, para ellas, el anuncio de una abundante posteridad, porque las palmas se refieren a los niños y el olivo a las niñas. Estas guirnaldas proporcionan la victoria a los soldados y a los campeones, y a los soñadores que viven en la indigencia les conducen al bienestar. Las coronas de encina y de laurel tienen una significación parecida; las ramas de mirto producen los mismos efectos que los ramos de laurel.

El que sueñe llevar una corona de cera, ya esté sano o enfermo, experimentará sufrimientos y desesperaciones; el que sueñe llevar una corona de lana morirá o envenenado o de enfermedad en una prisión; el que sueñe ceñir una corona de cal o de azufre, sufrirá perjuicios que le infligirán personas de autoridad.

Si es pobre, el hombre que se vea portador de una corona de oro, pero que no se halle revestido de manto real ni flanqueado de los atributos de la majestad, sólo experimentará desencantos y las más atroces miserias, porque las gentes necesitadas y sórdidas no tienen la costumbre de adornarse con diademas. Al enfermo este sueño le anuncia que morirá en seguida, porque el oro es pálido, pesado y frío, y, por tanto, se parece a los cadáveres. Una corona de oro vista en sueños es, además, un indicio de que los designios pérfidos y secretos serán destrozados, porque quien lleva una corona semejante es contemplado por todo el mundo.

Diversas pruebas me han demostrado que una corona de oro ofrecida al soñador por otra persona le proporciona honores y provechos con la condición de que sea rico, o mejor, oficial o magistrado.

El que se vea coronado de cebollas sacará útiles ventajas, mas, en cambio, sus parientes próximos sufrirán perjuicios y mortificaciones.

§ 17. Todo el que sueñe hallarse **durmiendo** verá que sus proyectos se debatirán entre dificultades y no podrá llevar a buen fin sus negocios. Este sueño generalmente es funesto para los durmientes, no siendo para aquellos que temen el disfavor de la suerte que prevén alguna contrariedad o extorsión.

El que se **despierte** en sueño conocerá las vicisitudes, pero el enfermo que sueñe dormir en una iglesia curará inmediatamente. La misma visión traerá la desgracia y las enfermedades al hombre que se halle bien.

Dormir en las calles y en los caminos o en los cementerios es una predicción de muerte para el enfermo y de turbaciones para los sanos.

Cuando un soñador diga u oiga la palabra "adiós" podrá considerar que ha tenido un sueño nefasto, porque ésta palabra no es pronunciada por los que se acercan amablemente a nosotros, y nosotros tampoco la pronunciamos cuando abordamos a otras personas. Solamente se expresan de tal forma los que se separan o los que se van sin la esperanza de la vuelta.

Numerosas personas han visto deshechos sus casamientos a causa de este sueño, o no han podido concluir sus alianzas o asociaciones. Los enfermos que en sueños se han oído decir "adiós" no han tardado en morir.

LIBRO SEGUNDO

LOS OBJETOS DE LOS SUEÑOS

En el libro precedente he tratado de la inteligencia de los sueños, de la manera de juzgarlos y de la significación de los objetos o acciones de que he hablado, objetos de uso común y acciones habituales al hombre.

Me he contenido y me contendré de tomar algo de los autores que me han precedido. Si, por casualidad, les tomo algún detalle, será por haber reconocido una imperiosa necesidad.

He tenido cuidado de no desdeñar en esta obra ninguna materia, con la excepción de aquellas que han sido sabias y completamente expuestas por los autores antiguos. De estas materias, yo ni tenía ni tenga razones para hablar, porque para contradecir a mis predecesores hubiese sido necesario mentir, o, si les hubiera imitado, me habrían censurado justamente diciéndome que trataba de obstruir sus trabajos para que no pudieran ser conocidos y apreciados como merecen.

I

LA VIDA Y EL ASEO

§ 1. Las gentes en buena posición y afortunadas que se vean en sueños **velando** en su dormitorio, tendrán grandes triunfos y acrecerán sus rentas. Las gentes desprovistas de bienes y de humilde nacimiento, así como los que urden proyectos rastreros y los que preparan engaños a los demás, obtendrán por este sueño algún éxito: si los primeros ven que la suerte les prodiga sus favores, los otros verán a sus vecinos apoderarse de sus astucias y designios y caer bajo su poder.

§ 2. Soñar que por la mañana, y normalmente, sin ser detenido por algún suceso repentino, dejamos la casa para ir a nuestros asuntos, es un buen presagio, porque esto significa al soñador que sus intereses se hallan vigilados y que sus trabajos se cumplirán felizmente; mas, por el contrario, el querer salir de casa **sin poder encontrar la salida** es un indicio de fracaso, de viaje retardado, y si el durmiente está enfermo, de agravación de su mal.

El saludar a personas conocidas, hablarlas y abrazarlas con efusión es un buen sueño, porque el durmiente dirá palabras agradables y proposiciones que le seducirán. Sin embargo, este sueño le será menos favorable si saluda y felicita a personas con las cuales no se halla emparentado y que apenas le son conocidas. Si festeja y abraza a uno de sus enemigos en ello verá un indicio de reconciliación.

El enfermo que sueñe **abrazar a un muerto** fallecerá en seguida, y el que, gozando de buena salud, tenga este sueño, habrá de procurar no hablar a nadie de sus proyectos o empresas; pero si el muerto ha sido amigo suyo y si sus relaciones no han sido nunca rotas o debilitadas por las querellas, el soñador podrá desenvolver sin peligro sus proyectos y sus empresas no serán amenazadas en su prosperidad.

§ 3. He comprobado que es favorable soñar hallarse **vestido** con ropas adecuadas a la estación en que se tiene el sueño. Los vestidos hechos en telas finas deberán ser vistos en verano y los hechos de lana en invierno.

El que pleitee ante la justicia, el que se halle detenido ante los procedimientos y el hombre de condición servil tendrán por un presagio desagradable el hecho de ataviarse con trajes nuevos, por la razón de que su tejido resistirá largo tiempo y sólo se gastará a fuerza de tiempo.

Un traje blanco sólo es propicio a los religiosos, para el resto de los hombres significa turbulencia y extravíos: para los destajistas y personas de estado mecánico les anuncia que, privados de trabajo, quedarán en holganza prolongada; a los que han cometido alguna mala acción les anuncia que serán denunciados y castigados. El enfermo que se vea con un traje blanco, morirá; pero si aparece con un traje negro su curación es cosa segura. No obstante, he conocido varios hombres necesitados, retenidos en situaciones penosas y hallándose como cautivos, que soñaron verse con trajes negros y desaparecieron.

Los trajes hechos de diferentes colores e de tisú escarlata, solamente son buenos para los sacerdotes, músicos, acróbatas y comediantes. Para los demás predicen peligros y tribulaciones. Los enfermos que tengan esto sueño serán atormentados largo tiempo y sus llagas se infectarán.

Los trajes cortados en púrpura, generalmente son favorables para ricos y pobres para unos, son la seguridad de que su bienestar continuará, y para los otros, de que algún bien vendrá a regocijarles.

A pesar de ello, este sueño mata a los enfermos, y para ciertas personas ha significado cautividad, porque el hombre vestido de púrpura debería verse también coronado con una diadema y rodeado de escolta. He sabido que a algunas personas este sueño les había anunciado heridas, y a otras, en fin, les proporcionó fuertes fiebres.

Verse vestido con trajes de mujer es un sueño que no tiene peligro para los cómicos o farsantes que trabajan en los tablados y promueven la risa de los espectadores, o para los célibes, quienes se casarán. Para los casados, este sueño es un indicio de viudedad, a menos de que no caigan en la languidez y en la consunción, a causa de la debilidad del sexo que lleva tales vestidos. Es preciso hacer notar que el vestir de mujer para participar en una juerga a la que hayan sido invitados varios amigos, no tiene nada de peligroso.

Si nos vestimos con ropas extrañas y de formas extranjeras recibiremos por esto una promesa de prosperidad si tratamos de desterrarnos o de irnos a establecer en algún lejano lugar; mas si, por el contrario, el soñador ha decidido permanecer y establecerse en su país, sus negocios peligrarán y su ruina parecerá inevitable.

Todo el que vista con trajes rotos sufrirá decepciones; el que dé la vuelta a un paletó o a una casaca bordada perderá sus pleitos, si los intenta, y emprenda lo que quiera, sufrirá fracasos. Es preferible soñar que nos despojamos de estos vestidos más bien que el llevarlos con ostentación. Por otra parte, despojarnos de las otras prendas o perderlas es siempre un mal presagio, menos para el que depende de otro, para el indigente o para el que se halla acosado de deudas, porque entonces las ropas perdidas significan la desaparición de los males o de las dificultades que les oprimen. Para el hombre poderoso y rico este sueño le avisa que será privado de las cosas agradables por las cuales satisface sus pasiones.

Llevar un traje de tisú y de adornos buscados y de matices armoniosos será tenido por una buena predicción para las mujeres ricas o pervertidas, porque las primeras conservarán su lujo y las segundas continuarán disfrutando de los placeres y de los goces más costosos.

Es siempre más ventajoso verse ataviado con trajes propios y bonitos que llevarlos feos y sucios, salvo, claro está, a las personas que ejerzan oficios de poca limpieza. Será conveniente juzgar el calzado de igual modo que los vestidos.

§ 4. La persona que se vea en sueños **lavando** o limpiando sus ropas o las pertenecientes a otro, escapará a los peligros que le amenazan en su cuerpo, porque los tejidos lavados desechan las manchas. Pero también significa que personas extrañas sorprenderán nuestros secretos y se apropiarán de nuestros proyectos.

§ 5. Los anillos de hierro, llevados de manera conveniente, tienen la significación de bienes adquiridos por el trabajo y la asiduidad. Los anillos y los **bracelotes de oro,** en los que se hallen engarzadas piedras preciosas, son un buen presagio; pero los que estén desprovistos de piedras sólo anuncian empresas sin provecho. Es preferible el ver anillos de oro macizos y pesados que restos ligeros de peso, huecos y frágiles, porque estos últimos predicen tristezas y vanas esperanzas.

Los anillos de ámbar y los anillos de martil solamente son favorables a las mujeres; las cadenas, los **pendientes** y los collares cuajados de perlas y diamantes y todos los aderezos del cuello son ventajosos, porque anuncian: a las viudas y a las doncellas, que hallarán esposo; a las que no tienen hijos, que *serán madres; a las que son casadas y madres, que sus riquezas experimentarán su incremento.* Para los hombres, este sueño predice la pobreza, las aflicciones, trastornos y jaleos por causa del dinero y de los intereses. No es a causa del oro de que estas **joyas** se hallan compuestas por lo que este sueño tiene para ellos una significación tan penosa, sino por su contextura, pues el verse poseedores de objetos de oro y adornarse el cuello, de ninguna manera es un mal sueño, como han afirmado muchos, sino, por el contrario, un sueño muy favorable según me ha demostrado la experiencia. Sin embargo, no es necesario que el soñador se vea llevando una gran cantidad de objetos de oro, y, sobre todo, que tampoco estos objetos tengan un sonido opaco, como si estuvieran rajados, porque, en este caso, el presagio podría serle contrario.

El hombre que vive mal, que es pobre y se vea poseedor de coronas, de vajilla de plata y de vasos de oro no detendrá ningún beneficio, porque está fuera de razón que un necesitado posea semejantes tesoros. Además, cualquiera que tenga este sueño no sacará beneficios, no a causa del metal de que se hallan hechos, sino a causa de los objetos mismos.

Quien sueñe haber perdido sus adornos, los rompa, o los vea desatarse de su cuello, perderá a su mujer. El que extravíe sus anillos será viudo también; pero, además, verá alejarse a sus intendentes y se aminorará su fortuna. He sabido que varios soñadores que tuvieron este sueño recibieron el aviso de que iban a quedarse ciegos, cosa no muy singular, porque los anillos guardan alguna relación con los ojos, por las piedras brillantes y límpidas de que se hallan ornados.

§ 6.   Tanto para el hombre como para la *mujer*, *el* **peinarse** en sueños, ordenándose los cabellos rebeldes, es de buen augurio: verán cómo la suerte les favorece y cómo la fortuna les sonríe. Mas, para las mujeres solas y para los contados hombres que, teniendo una abundante cabellera están acostumbrades a semejante práctica, le será muy ventajoso el trenzarse y torcerse los cabellos; para todos los demás les significa deudas y necesidades de dinero. Algunas personas que tuvieron este sueño fueron puestas en prisión otras sufrieron desórdenes y turbaciones domésticas.

El espejo, para el hombre, representa a la mujer, y para la mujer representa el hombre. Aquel o aquella que se mire en sueño a un espejo y desee casarse verá cumplirse su deseo. Las personas afligidas deben regocijarse de esta visión, porque se disipará su tristeza, a causa de que los seres atrabiliarios y descuidados no tienen gusto para mirarse. El enfermo que vea su imagen en un espejo habrá de renunciar a curarse y morirá. Algunas personas, luego de haber tenido este sueño, se marcharon a vivir al extranjero.

Verse en un espejo, no como somos, sino repulsivos o disformes, y oirse llamar en ese momento "padre de bastardos", no es muy agradable; es un indicio cierto de aplicaciones y de embrollos.

Desgracias para todo el que se mire en las aguas de un estanque, de un río o del mar, porque este sueño anuncia la muerte o del soñador o de algún miembro de su familia.

11

LOS FENOMENOS NATURALES

§ 1. Respirar **aire** puro es un buen presagio para todo soñador, y más especialmente para el que busca un objeto perdido o para el que se prepara a hacer un viaje. La atmósfera opaca y nubosa significa discordia y dificultades.

La **lluvia,** cuando no viene acompañada de viento y de borrascas, es una buena predicción, a menos que, por su profesión, el soñador trabaje al aire libre o en un lugar poco abrigado. La lluvia fina y la bruma son favorables a los cultivadores; a las demás personas les anuncia que sus ganancias o salarios serán cortos e insuficientes. Las lluvias copiosas de tormenta predicen destrozos y cuidados; mas, para los que viven bajo la dominación de un amo, que se hallan pobres y afligidos, es, por el contrario, un signo de libertad y de cesación de sus males, porque es sabido que detrás de la tempestad viene la calma.

La **nieve** y el **hielo,** vistos en invierno, no tienen ninguna significación, porque el espíritu, cuando el cuerpo reposa, se recuerda a menudo del frío pasado durante el día; pero vistos en verano sólo son favorables para los cultivadores, pues, para los demás hombres, es el signo de que sus negocios no se concluirán en medio del entusiasmo, o que sus desplazamientos no serán afortunados.

El **granizo** es un anunciador de tristezas, y, además, revelan a otro nuestros pensamientos y nuestros secretos. El trueno, no precedido de **relámpago,** es, para el que vive en un estado de servidumbre, el anuncio de una traición; el relámpago, no seguido de **trueno,** es el signo de temores vanos e injustificados.

Ver roja una parte del cielo **(aurora boreal)** indica al soñador que se halla bajo la amenaza de algún peligro procedente de personas poderosas y autoritarias; ver abrasarse todo el cielo es indicio de que el país será invadido, arruinado y destrozado por los enemigos. (Si este abrasamiento general del cielo empieza por el Norte, indica que el invasor llegará de allí; de igual modo deberán juzgarse los restantes puntos cardinales.)

Me parece que no puede tenerse un sueño más nefasto que aquel en que nos vemos llevando fuego y propagando el incendio.

Las antorchas y **centellas** que caigan del cielo, las columnas de fuego o los árboles inflamados son igualmente anunciadores de extremo peligro para la vida del que sueña.

Todo el que vea caer un **rayo** a su lado sin ser incomodado, cambiará de residencia; el que lo vea caer delante de él es prevenido de que habrá de abstenerse de viajar; todo el que sea alcanzado por un rayo habrá tenido un sueño feliz, si no está interesado en disimular sus faltas o su pobreza, las cuales serán reveladas inmediatamente. Este sueño es ventajoso para las personas ricas y potentes, que anhelen nuevos cargos y distinciones, porque el fuego se parece al oro; a las demás personas ha significado que perderán sus bienes y sus fortunas.

Los hombres cansados del celibato y las muchachas en situación de casarse, verán con delicia el ser heridos por un rayo; pero este sueño desune las alianzas y precipita los divorcios. Amigos sinceros y antiguos, a causa de este sueño, se han convertido en enemigos irreconciliables. Los que tengan hijos los verán adelgazar hasta morirse al fin, pues los árboles alcanzados por el rayo se debilitan y se secan.

El rayo, a los soldados, les da la gloria. Los oradores, los abogados y todos los que aspiran a brillar sacarán ventajas de este sueño; los que tienen procesos, o que su honor y su nombre se hallan comprometidos, triunfarán, mientras que los que pleitean para defender sus bienes, muebles e inmuebles serán vencidos y condenados. Los que intenten un pleito, cuyo objeto sea la propiedad de tierras, sabrán, al tener este sueño, que nunca disfrutarán los bienes que anhelan. El que viaje cuando sueña ser herido por un rayo, puede considerarlo como un próximo regreso a su hogar.

Es preciso considerar, para juzgar este sueño, que su significación es la misma, tanto si el durmiente es herido por el rayo en la cabeza, en el estómago o en cualquiera otra parte del cuerpo. No obstante, si se halla totalmente consumido, habrá de resignarse a morir. Debe saberse, en fin, que el hecho de ser herido por el rayo estando acostado es un presagio temible, mientras que es favorable ser alcanzado estando en pie o sentado sobre algún asiento magnífico, como por ejemplo, sobre un trono.

Es preferible ver **arder en el hogar** un fuego pequeñito, pero brillante, porque significa abundancia de riquezas, que un fuego grande y humoso, que solamente anuncia perturbaciones y fracasos. El fuego que se extingue en el hogar es un presagio de pobreza y de muerte en la casa, si hay un enfermo en ella.

Llevar antorchas durante la noche es de buen augurio, sobre todo para los jóvenes, a quienes les predice innumerables placeres y triunfos amorosos, así como en la elección de sus artes u oficios. Todo el que vea a otra persona llevar antorchas y luces podrá deducir que sus pensamientos y sus acciones íntimas serán juzgadas y criticadas por otro.

Una luz potente que alumbre la mansión del durmiente—si la casa están ordenada y limpia—le anuncia un crecimiento de sus bienes; si se halla enfermo, la salud; si es célibe, su casamiento; mas, una luz mezquina y que alumbre débilmente la habitación del soñador, es anunciadora de grandes tristezas engendradoras de una enfermedad que determinará su muerte.

Ver **extinguirse luces** significa, para el enfermo, un presagio de próxima convalecencia, porque las luces extinguidas se encienden inmediatamente. La visión de una lámpara de bronce es el anuncio de adquisiciones o de empobrecimiento, según que la llama sea alta o mortecina; las lámparas de vidrio tienen una significación casi análoga, aunque de menores efectos. Las lámparas que vemos brillar a bordo de un navío nos dan una gran seguridad y tranquilidad para el porvenir.

§ 2. El hombre que de ordinario viva en las privaciones, sacará algún provecho del sueño en que vea arder una casa, con tal de que ésta no se hunda. Un hombre honrado, poderoso y bien provisto de rentas, por este sueño adquirirá nuevos honores y la consideración que sientan hacia él los humildes aumentará. Mas el soñador que vea **hundirse** la casa entre llamas deberá temer el presagio, porque este sueño, las más de las veces, precede a la muerte de un hijo, de un pariente próximo o de un amigo íntimo.

Igualmente es temible el sueño en el cual arde un árbol y se derrumba contra la casa. Si arde solamente la puerta de la casa y se cae con estrépito, el soñador quedará viudo; si es soltero, no podrá escapar a multitud de peligros.

Es un presagio de paternidad el soñar que

ʼncendemos fácilmente haces de leña en el
torno o en el hogar; pero el extinguirlos o
disminuír la fuerza de la combustión es un
sueño que engendra la incertidumbre e inflige perjuicios.

§ 3. Asistir en sueños a la salida del **sol,**
ver esparcirse sus rayos y después seguirle
en su curso hasta que desaparece en Occidente sin que le esconda ninguna nube, es
un presagio de buen augurio. También advierte al durmiente que tendrá ganancias importantes, que hará operaciones fructuosas y
que sus hijos crecerán en fuerzas y en honores. Esta visión devuelve la libertad a los
hombres que permanecen en la servidumbre;
pero será fatal a todos los que tienen malas
intenciones y designios abominables, porque
el sol lo revela todo.

El levantarse el sol por Occidente y ponerse
por Levante es un signo de que el enfermo,
aunque se halle en la agonía, recobrará la
salud; de que quien viaje lejos y sienta la
nostalgia de su patria, volverá inmediatamente a su hogar natal, y de que quien desee
viajar puede ponerse en camino con la mayor seguridad; sin embargo, para los demás
hombres, es un indicio que se opone al triunfo de todos sus asuntos. Es necesario juzgar

de igual modo los sueños en que el sol sale por el Mediodía o por el Septentrión.

Un sol obscuro, como teñido de sangre, o embravecido, anuncia a todo soñador que empieza para él una funesta era de desconciertos, que acaso sea atacado de paropsia y que sus hijos se debilitarán. No obstante, este sueño a menudo suele ser favorable a los hombres que viven en la incertidumbre y que desean guardar secretos sus sentimientos y sus secretos.

El que vea al sol descender y hundirse en la tierra o le vea entrar en alguna casa, será prevenido de que le amenaza un incendio. El que vea al sol entrar en su habitación y mostrarse en ella descontento y furioso, será vencido por la fiebre, a menos de que el sol hable, porque, en este caso, el soñador sacará bienes considerables de su discurso.

Cuando el sol desaparece súbitamente o se esconde detrás de las nubes, la mayor parte de las veces anuncia una ceguera próxima o la pérdida de los hijos.

Es infinitamente mejor el ver, en sueños, los rayos del sol penetrar en la habitación que ocupamos, que el ver entrar al mismo sol, porque si el astro aporta la fiebre los rayos nos dan abundancia y dicha.

Todo soñador que vea al sol darle o quitarle un objeto deberá acoger prudentemente y con melancolía el presagio que esto significa, pues las más de las veces anuncia el fracaso y la ruina.

§ 4. Los sueños en que aparece la **luna** se refieren principalmente a las mujeres. Pueden representar a la hermana, a la hija, a la esposa, a la misma nodriza del soñador; pero también tienen un significado de riquezas, de dinero, de mercancías, de tráfico y de navegación; en fin, hasta se refieren a los ojos del durmiente y a su propia persona. Sabiendo esto, será necesario juzgar los sueños en que se nos aparece la luna, según la pureza de la visión: proporcionarán bienes y honores a las personas de alta posición, si la luna es límpida y luminosa, y les traerán infortunios y confusiones, si la luna es velada y obscura.

El hombre que se mire en la luna, será padre de un hijo; la mujer que ejecute la misma operación, dará a luz una hija. Este sueño muy a menudo es favorable a los hombres de dinero, aun a los usureros: también es ventajoso para los ambiciosos que quieren triunfar y aparentar; pero los enfermos y los navegantes sabrán que se hallan en peligro de muerte.

Teniendo presente estas observaciones, sabremos que los sueños en que aparezca la luna producen idénticos efectos que las visiones en que aparece el sol, con la única diferencia que los beneficios o dolores que produzcan son menores y que frecuentemente se refieren más a las mujeres que a los hombres.

§ 5. Las intenciones y los proyectos secretos del durmiente son denunciados y revelados por el sol y por la luna; pero las **estrellas** son favorables y convienen a su realización. El viajero también debe saludar con alegría a las estrellas, si las ve en gran número brillando en un cielo despejado.

Los planetas y las estrellas que influyen en el estado atmosférico y que son la causa del mal tiempo o del frío, significan al soñador que sufrirá perjuicios y pérdidas; pero los que traen el buen tiempo y calientan la temperatura del aire, aportan prosperidad y riquezas.

Las estrellas a las cuales es debido el solsticio invernal, anuncian al durmiente un cambio en su situación que le proporcionará penas y miserias; en cambio, las que producen el solsticio de verano son anunciadoras de ventajas.

El hombre rico que sea para alguien un objeto de consideración y de amor, caerá en la indigencia, y permanecerá solitario si en sueños ve estrellas que desaparecen del cielo o que se extinguen; el menesteroso que tenga este sueño y que, a causa de su lamentable estado, se vea vencido y abatido, morirá. Creo que este sueño únicamente es favorable a los hombres temerosos y capaces de maquinaciones solapadas.

Conviene saber que el cielo es representativo de la casa del soñador, y las estrellas de sus bienes y posesiones.

He oído decir, pero sin haber llegado a comprobar este extremo, que uno que vió desaparecer del cielo las estrellas se quedó calvo.

Las estrellas que vemos caer en la tierra presagian la muerte de parientes o amigos: parientes próximos o amigos, según el tamaño y el brillo de las estrellas.

Todo el que se vea robando las estrellas del cielo, habrá tenido un mal sueño. He sabido de varios hombres que tuvieron la desgracia de soñar esto, que se inclinaron al sacrilegio y fueron duramente castigados. El que sueñe comer estrellas y piense que se mantiene de ellas, si no es astrólogo, en cuyo caso obtendrá provechos, deberá prepararse a morir.

La casa del soñador se hallará bien pronto desierta, y se destrozará en un incendio si ve brillar estrellas en el techo; él mismo sucumbirá después de este sueño.

Los **bólidos,** las columnas ardientes y otros meteoros, tiene la misma significación vistos en sueños, que vistos despiertos en la naturaleza.

§ 6. Un **arco iris** que el soñador vea a su derecha le anuncia un buen presagio, si ve el arco a su izquierda es nefasto; pero si el durmiente se ve afligido por una extrema pobreza, si conoce los peores infortunios, si se ve abrumado bajo las miserias y las penas, la vista de un arco iris, en cualquier forma que aparezca, le será favorable, por causa de que el arco iris modifica la atmósfera y de que las desgracias solamente pueden cambiar en bien.

§ 7. Las grandes **nubes** blancas (como son los cirrus) anuncian la prosperidad; subiendo de la tierra al cenit, invitan a viajar y previenen la vuelta de los ausentes.

Las nubes rojas y como inflamadas, denotan el mal estado de los negocios del soñador y le presagian un funesto desenlace.

Las nubes humosas, sombrías y cargadas de tormenta (como son los mimbus), predicen el fracaso y la melancolía.

§ 8. Los **vientos** fríos y violentos, sufridos en sueños, son indicio de que nos llegarán disturbios proporcionados por gentes hostiles y mal intencionadas; por el contrario, la brisa y los vientos tibios son favorables al soñador.

Los torbellinos y los vientos de tempestad, que arrancan los árboles y destejan las casas, son signos de peligros, de incoherencias y de agitaciones.

Los **temblores de tierra** anuncian un cambio de situación al soñador. Si éste ve abrirse con gran ruido la tierra y en ella aparecen abismos, será sumido en la confusión y en la duda; si ve volcarse la tierra a causa de un cataclismo espantoso, perderá todo lo que tiene y morirá después. No obstante, se ha experimentado que este último sueño algunas veces es venturoso para los que se disponen a viajar y para los que, estando cargados de deudas, serían rebeldes voluntarios.

III

LOS ANIMALES

§ 1.   Todos los artefactos para **eazar** animales, como las **redes** y las pegas, son desfavorables para los soñadores, salvo para los que, por profesión, persiguen fugitivos, y para los que buscan un objeto extraviado. Es preferible tener y llevar estos aparatos a vérselos entre las manos a otro hombre, por la sencilla razón de que vale más humillar que ser humillado; triunfar sobre alguien, que ser su víctima.

Los que vean **lebreles** acechando y cazando experimentarán necesidades, y todo el que esté abrumado por los acreedores o pleiteando ante la justicia, no obtendrá más que decepciones y aburrimientos. El que vea volver de la casa a los lebreles, encontrará muchas dificultades en el cumplimiento de sus tareas, pero alcanzará la disipación de sus temores.

Los dogos y los perros de caza son representativos de la mujer, de los criados y de los bienes del soñador. El *perro ajeno que nos acaricie* y nos adule nos trae desarreglos domésticos y nos previene de maniobras fraudulentas; si nos ladra a las piernas y nos muerde, conoceremos la adversidad y los ultrajes.

Los *gozquecillos* y los perritos de lujo, vistos en sueños, nos prometen delicias y distracciones agradables.

§ 2. Para el ambicioso que aspira a los más altos cargos y que ansía riquezas, el sueño en el cual vea **ovejas,** ya sean o no de su propiedad, siempre que el rebaño aparezca numeroso, será de feliz augurio, porque sus deseos se verán calmados. Además, será igualmente favorable para aquellos que hayan logrado ya altos puestos, como los miembros del Gobierno, los oradores públicos, los doctores y los maestros de escuela.

El **carnero** significa indistintamente al rey, a un príncipe, al dueño de la casa o a alguna *persona* influyente por su fortuna o nacimiento. Es ventajoso para la generalidad de las personas que desean acumular riquezas, y especialmente para los abogados, magistrados y funcionarios del Poder, el montarse en un carnero y recorrer de este modo los caminos llanos y fáciles.

Las **cabras,** que nunca son una predicción agradable, son fatales al navegante, para quien representan las vagas perfidias del mar. Los asnos cargados, pero caminando con pasos firmes y desenvueltos y que obedezcan a su conductor, anuncian un buen casamiento o una feliz asociación; para los viajeros representan la seguridad, aunque con lentitudes y detenciones, a causa del peso de su carga.

Las **mulas,** que se oponen a los casamientos y hacen infecundas las uniones, tienen, por el contrario, un significado favorable para las empresas, y, sobre todo, para las explotaciones agrícolas. Por experiencia sé que algunas veces anuncian una enfermedad. Si el soñador ve **asnos** o mulas destrabados, irritados y como salvajes, experimentará decepciones y disgustos que le proporcionarán sus domésticos o empleados.

Los **bueyes** uncidos al arado, ya solos, ya en parejas, son de buen augurio; pero vistos en rebaños anuncian divulgaciones y amenazas. El toro, apacible o mugiente y furioso, representa un gran personaje, cuyos sentimientos hacia nosotros sabremos si son buenos o malos, según la actitud del animal. Para el navegante el toro es un signo de tempestad; mas si es herido por el toro, el marino naufragará, o bien, como he podido comprobar muy a menudo, caerá desde lo alto de un mástil al mar.

§ 3. Creo haber dicho ya bastante de los animales familiares y domésticos. Vamos a tratar algo de los animales salvajes.

El soñador que se vea acariciado por un **león** o que el animal se deje acariciar, si es soldado o si tiene por ocupación preparar la guerra, recibirá de sus jefes altos puestos y honores; el luchador, el corredor y el esgrimidor serán más fuertes y vigorosos; el cultivador mísero recibirá algunos bienes de personajes rumbosos; el obrero y el artesano ganarán la simpatía de los magistrados; el servidor, la confianza y la generosidad de su jefe, porque por la fuerza y la potencia, el león se refiere a todos estos grandes personajes. Mas, por el contrario, si todas estas gentes de humilde condición ven en sueños a un león furioso que quiere morderles o devorarles, estarán a punto de ser amenazados por esos mismos personajes poderosos, enfermarán de crueles padecimientos y hasta perecerán por el fuego.

Quien sueñe tener una frente de león puede considerarse afortunado y probablemente obtendrá de él un hijo varón.

La **leona** tiene la misma significación y la misma influencia que el león, fuera de que los bienes o los males que predice son menores, y que éstos no se refieren al hombre, sino a la mujer. Yo he sido testigo de estos hechos: personas ricas y austeras que ocupaban situaciones envidiables, han caído en la intemperancia, en el crimen y en otros excesos después de haber visto en sueños a una leona que les atacó o les mordió.

El **leopardo,** a causa de los variados colores de su piel, advierte al soñador de que debe guardarse de las gentes cautelosas y malvadas, casi siempre de nacionalidad extranjera; le avisan, además, que será sumido en el extravío y en la duda, y de que se halla bajo el ataque de una afección a la vista.

Los **osos** tienen frecuentes relaciones con la mujer. A menudo predicen las enfermedades, y al que viaja le anuncian un próximo retorno a su país natal.

El **elefante,** visto en sueños, significa toda clase de peligros. He podido observar con gran frecuencia que el elefante presagia la muerte, y en Italia conocí a una mujer rica y sana que murió algunos días después de haber soñado que iba montada en un elefante.

Conviene saber que, casi siempre, los animales salvajes representan nuestros enemigos; por eso es, naturalmente, más ventajoso derribarlos que ser vencidos por ellos.

El **lobo** significa el rencor, y nos revela las maniobras de un rival sin corazón que nos combate sordamente y que desea nuestra ruina.

La **zorra** tiene la misma significación, y este adversario cruel nos lo presenta espiándonos y atacándonos por sorpresa. El sueño en que aparece una zorra a menudo es predecesor de decepciones amorosas.

El **mono** y el mico son las propias imágenes de los personajes malhechores y miserables que rondan a nuestro alrededor.

Los **jabalíes,** a las personas que pleitean ante la justicia contra gentes de gran influencia, les predicen innumerables tribulaciones; a los cultivadores les anuncian la esterilidad de sus tierras y la pobreza de sus cosechas; al que proyecta casarse, que tendrá por esposa a una mujer brutal y de alma dañina e injuriosa.

Para los navegantes, el **ciervo** se refiere al gobernable del navío; para los viajeros representa la ruta o camino, y el que unos y otros prosigan sus viajes marítimos o terrestres en condiciones bélicas o desgraciadas depende de que el ciervo aparezca sosegado o intranquilo; a las personas de ocupación sedentaria el ciervo les previene que se pongan en guardia contra las pláticas de individuos pérfidos y de rastreras intenciones, pero que, sin embargo, son unos baldragas y carecen de audacia.

Al soñador le convendrá mucho juzgar con seguridad las visiones de otros animales, según el temperamento o el aspecto que muestren; pero es necesario no olvidar que los animales domésticos de aspecto cruel y feroz siempre son anunciadores de males; en tanto que los animales salvajes que se presenten dulces y tímidos son, por el contrario, indicios favorables. Además, si estos animales salvajes nos hablan en sueños en nuestra propia lengua, tendremos grandes beneficios, aunque sus charlas sean ligeras y divertidas. Por otra parte, todos los acontecimientos que los animales anuncian de viva voz suceden tal y como ellos los han anunciado.

§ 4. El **dragón,** visto en sueños, tiene la

significación del magistrado, del señor, o de cualquier otro personaje de gran autoridad, de plenos poderes y de notable consideración. Como es largo y ondulante, el dragón representa también el tiempo. Igualmente se relaciona con las riquezas y las fortunas. Se habla de casos en que los durmientes vieron llegar dragones que les dirigieron la palabra y que recibieron por este sueño beneficios considerables; asimismo cuentan que algunos soñadores que les vieron alejarse sin hablar, fueron abrumados por las desgracias.

Un dragón con la piel plegada y llena de pústulas, con la cola enrollada; en fin, un dragón que sólo inspire disgusto y repulsión, anuncia al soñador que le amenazan peligros muy graves y que, probablemente, será puesto en prisión. El enfermo que tenga este sueño morirá inmediatamente.

La vista de una **serpiente** es un presagio de enemistad y de enfermedad. Según que la serpiente nos infuse o no su veneno, nuestro adversario o nuestra enfermedad serán benignos o nefastos. La víbora nos predice dinero y la frecuentación de mujeres opulentas. He adquirido la certidumbre de que los soñadores a quienes se les acerque una víbora y les muerda, obtendrán en seguida venfajas inesperadas y muy numerosos beneficios.

Cualquier **reptil** que el soñador vea hallarse arrebujado entre los senos de su esposa, si ésta no da muestras de horror indica que será corrompida, y pervertida por un amigo del que sueña; mas la esposa que oculte en su seno algún **lagarto** o serpiente y se sienta aterrada, caerá enferma, y, si está en cinta abortará o su vástago será débil y mal conformado.

§ 5. Las nasas, las **redes** tejidas de hilos de lino destinadas para la pesca tienen una significación análoga a las redes empleadas para la caza y de las cuales ya he hablado en un capítulo precedente. Los hilos de seda, las cordeletas, las crines trenzadas y provistas de un anzuelo de los que se utilizan para la pesca, generalmente tienen una significación de desconfianza, de astucia o de engaño, por lo cual es preferible tenerlos y emplearlos nosotros mismos a verlos tener y emplear por los demás, debido a la razón ya expuesta, de que vale más engañar que ser engañado.

Los que en sueños se vean tomar una gran cantidad de **pescados grandes,** conseguirán grandes ventajas y provechos, si no ejercen alguna profesión que les obligue a permanecer sentados o si no son profesores o maestros de escuela; porque los primeros no pueden a un tiempo pescar y estar sentados, y los otros solamente tendrán discípulos ineptos e incomprensivos, porque los pescados son tenidos como los animales de más óbtusa inteligencia.

Pescar **pececillos** pequeños en vez de grandes es un presagio de tristeza y de pérdidas. Los pescados variados, cuyas escamas reflejan colores diversos, son desfavorables al soñador: significan veneno para el enfermo, y traición para el hombre sano. Los pescados de tinta roja traen nuevos tormentos a las personas que no pueden disponer completamente de su libertad, y a las que sus acciones o sus pensamientos merecen algún reproche. Para los enfermos, los pescados rojos significan el delirio y siempre denuncian las intenciones del soñador.

Los pescados que raspamos en sueños significan a las personas afligidas por la desgracia, o las cautivas; a los que son pobres, que ha llegado el fin de su sufrimiento.

§ 6. Las **ranas** nos advierten que seremos rodeados por personas de charla ensordecedora, que abusarán de nosotros.

He conocido a un hombre que soñó andar a puñetazos con las ranas de un estanque.

Inmediatamente después de haber tenido semejante visión, este hombre que hasta entonces había vivido en situaciones subalternas y despreciables, se vió investido de autoridad por su jefe, quien le designó para dirigir a los criados de la casa.

Yo he interpretado este sueño de la manera siguiente: el estanque representaba la casa; las ranas, sus habitaciones, y el gesto que hacía el durmiente, al golpear a las ranas, era el signo de mando.

§ 7. Ver en sueños un **monstruo marino** para nadie es un buen presagio si lo vemos en medio de su elemento. Sólo el delfín puede ser benigno con el soñador que navega, porque le promete los favores del viento.

Los monstruos que vemos tumbados en las playas son de feliz predicción, a causa de que son impotentes desde ese momento y ya no piensan en dañar a nadie. Este sueño nos demuestra también que nuestros enemigos serán puestos en la imposibilidad de hacernos ningún mal y que sufrirán su castigo al mismo tiempo que las demás personas que nos angustian.

El **delfín** que veamos en la playa anuncia la próxima muerte de un amigo bueno y sincero.

§ 8. Los navegantes que vean en sueños **cuervos marinos,** o cormoranes, y otros pájaros acuáticos, naufragarán, mas no perecerán en el naufragio. Los demás hombres tendrán que temer a los ladrones, a las maniobras de personas falsas, que son parecidas por sus costumbres y por sus sentimientos. Si el durmiente que ha visto estos pájaros se apercibe, entre otras cosas, de que ha perdido un objeto precioso, deberá renunciar a encontrarlo.

Las **garzas,** las **ánades,** las gallinas de agua y toda clase de pájaros que viven en los ribazos de los ríos, presagian lo mismo que los cuervos marinos y otros volátiles acuáticos.

§ 9. Habitualmente es un sueño desventajoso el ver **pescados muertos** en el mar: nos anuncian vanas esperanzas y esfuerzos infecundos.

No ocurre igual con los pescados cocidos y preparados. Según la forma en que sean sazonados, podremos juzgar las advertencias que nos den y conforme al método que hemos explicado para la carne y la vaca.

El navegante y el enfermo deberán hallarse intranquilos si ven pescados muertos en su habitación, porque ambos se hallan en peligro, según el significado de este sueño,

La mujer que, estando para dar a luz, sueñe que trae un pescado al mundo, tendrá un hijo raquítico y que apenas vivirá. No comparto la opinión de los autores que aseguran que las mujeres que tuvieron este sueño dieron a luz niños muertos.

§ 10. Las cañas untadas de liga, de esas con que cazamos a los **pájaros,** nos predicen el retorno de las personas queridas y provisionalmente alejadas de nosotros. También nos anuncian que los objetos extraviados serán encontrados y que los fugitivos serán presos.

Las redes y las pegas utilizadas para la caza de los pájaros tienen la misma significación que las que sirven para cazar cuadrúpedos y pescados, cuya significación hemos indicado ya en otros capítulos.

§ 11. Los **pájaros grandes** y bellos, vistos en sueños, a menudo son presagios favorables para las personas que poseen riquezas; pero las personas pobres, débiles y tímidas no sacarán ventaja alguna, y, en cambio, los pájaros pequeños son favorables a los humildes, y a su vez son adversos para los ricos.

El **águila** tiene la significación del tiempo presente. El durmiente que se prepare a una acción o que proyecte una empresa y vea un águila encaramada sobre una roca o en la cima de un árbol, tendrá una visión susceptible de contrariar sus designios; pero si este soñador viaja por un país extranjero o si se halla establecido en él, sabrá que las circunstancias le obligarán a regresar a su patria. El águila que vuele lentamente y que interrumpa con frecuencia su vuelo, indica al durmiente que sus asuntos terminarán, pero sufriendo retrasos que no habrá previsto. Si el águila se posa sobre la cabeza del durmiente éste morirá, por razón de que todo lo que cae entre las garras del águila está destinado a la destrucción y a la muerte. El sueño en el que los reyes, los jefes de Gobierno, los magistrados y otros personajes de alta posición se vean cabalgando sobre águilas será un indicio de muerte para ellos; pero los indigentes podrán felicitarse de este sueño, porque serán protegidos por personas de elevada representación social y obtendrán beneficios por su frecuentación. Algunas veces este sueño les anuncia que tendrán ocasión de expatriarse.

El águila que amenaza al soñador le indica que será oprimido por gentes poderosas; pero, si el animal se muestra dócil y apacible, sí le habla o le hace algún regalo, le significará dicha. El sentido de este último sueño me ha sido confirmado por numerosos ejemplos.

La mujer que sueñe haber engendrado un águila será madre de un hijo que, según su cualidad y su nacimiento, llegará a alcanzar grandes honores o una situación más envidiable que la de sus padres. Todo hombre que viva en estado de servidumbre logrará la independencia si ve en sueños un águila muerta: esta visión precede al fallecimiento de su opresor. Para los demás hombres este sueño les predice decepciones y dificultades.

El **buitre** solamente es favorable a los alfareros y demás obreros que trabajan la tierra; a los curtidores, tintoreros y artesanos del cuero. Es fatal para los enfermos y los médicos. Muy a menudo la aparición de un buitre en sueños se refiere a los ladrones, malhechores y a los jóvenes de costumbres deplorables o criminales.

Los **milanos** y los buitres nos anuncian que hemos de temer las maniobras y los designios de ladrones y de estafadores. Además, el cuervo anuncia los ladrones; pero también suele denunciar un adúltero. La **corneja** tiene la significación de una anciana, del invierno, y, generalmente, su visión nos produce retardos en los asuntos. El estornino y el grajo, vistos en sueño, presagian nuestro agotamiento en empresas inútiles y que habremos de tratar con personas necesitadas.

Las **palomas** significan las mujeres. Las palomas salvajes son las mujeres perdidas, que se dan a todo el que llega; las palomas domésticas son las mujeres prudentes y las honradas madres de familia. También pueden tener la significación de placeres, de amistades nuevas o de reconciliación.

Las **grullas** y las **cigüeñas** que el soñador vea en manadas, le advierten que se halla amenazado por bandidos y que debe temer sus ataques; además, estos pájaros, en invierno, presagian la tempestad, y en verano, la sequía. Pero si en lugar de ir en bandadas los vemos solitarios, el sueño será bueno para el que vaya a emprender un viaje, y a los demás les anunciará la vuelta o la próxima visita de personas amadas. Para los que deseen casarse y tener hijos, será de feliz predicción el sueño en que vean evolucionar cigüeñas y grullas, sobre todo a causa de que la cigüeña, según se dice, habitualmente busca los alimentos para sus padres.

El **cisne** es favorable a los músicos; también lo es para el enfermo; pero su inmaculado plumaje impide al soñador el guardar en secreto sus pensamientos y proyectos. Todo el que en sueños oiga cantar a un cisne, deberá tomar sus disposiciones para la muerte, pues todo el mundo sabe que el cisne sólo canta cuando se muere.

La **golondrina** que en sueños no la veamos hacer un movimiento singular o que no aparece roja, azul o verde, es decir, con un plumaje de color anormal, no es desfavorable al soñador, porque esto le indica que no le faltará trabajo y podrá laborar con tranquilidad. Además, la golondrina es anunciadora de casamiento y promete una mujer experta en las cosas domésticas, de sólidas virtudes, fiel y económica, porque esta ave laboriosa hace comúnmente su nido bajo nuestro propio techo.

El **ruiseñor** predice, poco más o menos, los mismos acontecimientos; pero con menos bondad, porque no es tan sociable y comunicativo con los hombres.

Las **perdices** pueden referirse indistintamente a los hombres o a las mujeres; pero casi siempre su aparición en sueños nos inclinará hacia mujeres desprovistas de conciencia, ingratas y agresivas.

§ 12. Por su mosconeo y las dolorosas heridas que producen con su aguijón, las **abejas,** vistas en sueños, tienen una significación de turbaciones y de agitaciones; sin embargo, son favorables para los cultivadores y los negociantes.

Con frecuencia la **miel** y la **cera** son mensajeros de la desgracia.

Las moscas de miel que revolotean alrededor de la cabeza del soñador, le son de buen augurio si se dedica a las artes de la guerra; mas, para todo el que no sea de profesión belicosa, será una triste predicción. Innumerables personas que tuvieron este sueño fueron lapidadas por el populacho o muertas por los soldados.

El soñador sacará ventajas del sueño en el cual se apodere de varias abejas para aprisionarlas en un bote y del en que las persiga para aplastarlas, con la condición de que no explote ninguna propiedad rural, porque al agricultor este sueño le es desfavorable.

Los **saltamontes** predicen a los paisanos la esterilidad de sus tierras, la pobreza de sus cosechas o la putrefacción de sus simientes, porque las langostas devastan la agricultura; a los demás hombres les anuncian diferencias con personas malvadas.

El **escarabajo** y el gusano de luz tienen, vistos en sueños, una significación de éxito para aquellos cuyas ocupaciones o recursos no son muy honorables; mas, para otras, y principalmente para los farmacéuticos y preparadores de ungüentos, son un signo de amenazas y de peligros.

IV

LAS AGUAS Y LA TIERRA

§ 1. Navegar, en sueños, sobre **aguas calmadas,** es de buen *augur; pero ser puesto* al borde de la muerte, en un río o en el mar, es un presagio de tristezas y de peligros.

Con la excepción de los que se hallan detenidos en calabozos y de los que, en razón de su estado de fortuna, no pueden pensar ni obrar libremente, los soñadores que naufraguen y que vean volcado o destrozado el navío que los transporta, serán amenazados de peores males. En cambio, los primeros recobrarán la libertad.

Es preferible ser pasajero de un **barco** hermoso y grande, que el ir sobre uno pequeño y de incierta estabilidad. Nadie sacará provecho alguno de soñar navegar en un barco que marche por tierra, ni del sueño en que, disponiéndose a viajar, sufra algún impedimento su viaje: estas visiones anuncian fracasos.

Si vemos desde tierra a navíos que se gobiernan y flotan libremente, recibiremos noticias de Ultramar, o bien un viajero de la familia regresará al hogar.

Los navíos que dejan el puerto anuncian al soñador que la solución de sus asuntos será retardada; los navíos que veamos acostrase en el puerto significan lo contrario. El puerto, además, se refiere a los amigos y a los bienhechores, y las rocas nos representan las personas a quienes amamos y nos aman.

Las **anclas,** vistas en sueños, si bien nos anuncian seguridad, nos prohiben viajar; las cuerdas y las cadenas que retienen los navíos anuncian deudas y, algunas veces, reclusión.

El **mástil** del navío concierne al dueño de la casa o al jefe de la familia, por ello, ver quemarse o pudrirse el mástil o una parte de él, es un presagio de peligro para el que representa esta parte del barco.

§ 2. Para todos los negocios y empresas y, más principalmente, para los proyectos matrimoniales, es de buen augur el ver un

arado; pero nos inducirá a la paciencia y a la serena espera de la realización de nuestros deseos.

El **yugo** también es, generalmente, de buen presagio, y sobre todo para los servidores y asalariados, si aparece solo, porque esto será indicio de que recobrarán su independencia.

Los falsos anuncios de destrozos y las prediciones que señala tendrán efecto seis meses después del sueño. El **hacha** es representativa de la mujer, de los beneficios y de los placeres que sacamos de ésta.

La reja del arado, la pala de madera, los arneros y las cribas, son presagios de pérdidas y de dispersión de bienes.

Soñar que **vendimiamos** o que cosechamos fuera de estación, dilatará la conclusión de muchos negocios.

Las gabillas de **trigo,** de cebada, de avena y de todos los demás granos, se oponen al buen éxito de nuestras empresas, por causa de que éstos son géneros aun no preparados para la consumación, y deben ser transformados.

Los **hoyos cavados** en la tierra, los silos y los depósitos en que se almacenan los cereales para conservarlos y los surcos en que se depositan las simientes, se refieren a la esposa del durmiente; tienen, además, una relación con su vida y sus posesiones.

Las vallas y los fosos que el soñador vea plantados o cavados para limitar sus propiedades serán un mal indicio; sin embargo, el que tema los golpes del destino o la malignidad de los hombres, ganará alguna seguridad por este sueño. Además, tal visión prohibe los viajes; pero también puede preceder a ayudas y socorros que recibirá el soñador, si se halla en la necesidad y los apuros.

§ 3.   Para los viejos cargados de años y para los ricos y prósperos, el ver una **encina** es ventajoso y bienhechor.

El **olivo,** que representa a la mujer y a los combates, presagia la soberanía y la libertad, y sus efectos serán más arrebatadores todavía si el soñador lo ve floreciente y vigoroso y cargado de fruto bien maduro, en la estación adecuada para ello.

Menos para los servidores y los domésticos, será favorable el sueño en que se sacudan olivos; pero los que se vean recogiendo las aceitunas caídas o pisándolas conocerán las penas, las agitaciones y las pruebas duras.

El **laurel** es representativo de una mujer bella y afortunada; mas como el laurel es amargo, anuncia al soñador enfadosas decepciones. Los médicos y los poetas deberán felicitarse de su aparición, porque el laurel se refiere a sus artes.

La vista de los **cipreses** invita a la resignación; la vista de pinos y de sus troncos es buena para los constructores de navíos y para los marineros, porque los barcos se hacen de esta madera, de la cual se sacan, además, la resina y la pez; pero no siendo éstos, todos los soñadores, a la vista del pino, serán sumidos en la duda y en el temor, y caerán en la ociosidad y en la indolencia.

El **naranjo,** el granado, el peral, el manzano, vistos en *sueños,* se deben interpretar exactamente igual que los frutales, de que ya he hablado en un capítulo del libro primero.

Los **plátanos,** los **olmos** y los bojs, los fresnos y demás árboles análogos que no producen frutos solamente son favorables a los aserradores y a los carpinteros, porque utilizan la madera, y a los soldados, porque los soldados son improductivos y estériles socialmente. Por idéntica razón, estos árboles anuncian la pobreza a los demás soñadores.

El boj y el **mirto** son la imagen de mujeres lascivas, ligeras y peligrosas. Los enfermos y los emprendedores sacarán algún beneficio de su aparición en sueños; pero las otras personas sólo tendrán angustias y penas aumentadas.

§ 4. Todos los **excrementos,** menos el del hombre, son favorables únicamente a los agricultores. Para los demás durmientes significan tristezas y perjuicios, y si se ven manchados por piensos diferentes, sufrirán graves desgracias. Sin embargo, se ha experimentado que el hecho de encontrarse en sueños cubierto de excrementos era una excelente predicción para los pobres que luchan para ganar su vida, ejerciendo profesiones viles y despreciadas.

Cualquiera que vea excrementos humanos en abundancia será asaltado por enfermedades crueles, más graves todavía si el durmiente ve sobre su persona o sobre sus vestidos estos excrementos.

El que se solace en su dormitorio caerá enfermo, a menos de que se divorcie, riña con sus amigos o cambie de domicilio. Quien se solace en una iglesia se verá amenazado por grandes peligros; si se solaza en un mercado, en un paseo o en un lugar público, le serán infligidos peligros y vergüenzas. Pero el que se solace en sueños, cómodamente y en un lugar retirado y secreto, o aunque sea en un urinario, será libertado de sus angustias y de sus cargas.

He sabido por numerosos ejemplos que es muy favorable soltarse el vientre en una ribera, en un campo, en las carreteras, en los ríos o en los estanques. Este sueño tiene la misma significación y procura las mismas ventajas que la aparición de una despensa.

V

RIOS MARES Y MONTAÑAS

§ 1. Los **ríos** de corriente límpida y clara, que se deslicen mansamente, son propicios para los hombres que viven bajo la dominación de otros y están obligados a ejecutar sus órdenes y sus voluntades; también lo son para el viajero: a los primeros les anuncian que sus dueños se mostrarán indulgentes; a los segundos les anuncian que terminarán felizmente su viaje.

Los ríos que aparecen tumultuosos y revueltos les predicen el rencor de sus amos o infinitas contrariedades en el curso de su viaje; aun es peor si el soñador se ve arrastrado por las aguas del río, y funesto si se ve transportado hasta el mar.

Está lleno de malos presagios el sueño en que nos veamos en pie sobre una corriente, rodeados por las espumeantes aguas, sin poder alcanzar la orilla, porque el durmiente que se halle en esta triste posición sufrirá tantos males y miserias, que no podrá soportarlos, aunque sean muy grandes su resignación y su resistencia.

Los **torrentes** nos presentan amos rigorosos y jueces inexorables; también representan el lugar de la población de sospechosos y molestos indigentes; nos anuncian, en fin, pleitos y trastornos de todas clases, a causa del gran ruido que hacen. Sin embargo, el que en sueños franquee un torrente obtendrá grandes beneficios.

Graves inconvenientes experimentarán las personas que en sueños se vean nadar en los ríos o estanques; pero les será más favorable el atravesar estos ríos o estanques, llegando a las márgenes, que el verse durmiendo sobre las aguas.

Un río de aguas cristalinas que, sin ruido, invade la casa del durmiente, le anuncia la venida de un hombre generoso, del cual sacará grandes beneficios; mas si las aguas del río son legamosas y violentas, si menean y derriban los muebles, indican que el soñador será objeto de violencias por parte de uno de sus enemigos.

Cuando un hombre rico vea entrar en su casa las aguas de un río y desde ella salirse al campo, le anuncia que ganará autoridad mostrándose liberal y haciendo donativos a los pobres; pero también le anuncia que la virtud de su mujer es precaria, y que sus criados se portan bastante mal.

Todo el que vea su casa **inundada** por aguas sucias y llenas de légamo deberá temer al fuego; pero si el agua es limpia indica que se aumentarán sus bienes y sus riquezas. Lo mismo le ocurrirá al que vea en su casa o en sus tierras un pozo cavado súbitamente; además, esta aparición hará que el célibe se case y que tenga hijos quien los desee.

Ver un **pozo** lleno de agua es un presagio feliz, que se convierte en nefasto si el soñador ve a personas extrañas que sacan agua de este pozo o le agotan, porque esto significa para él un anuncio de viudedad y de ruina.

Un gran estanque, visto en sueños, se opone a todo proyecto de viaje. Un estanque pequeño o una charca tiene la significación de una mujer rica y alegre, que ama los placeres de la mesa y de la cama.

Las **fuentes** y las corrientes caudalosas de

agua sana y fresca, son de buena predicción para todos los soñadores, tanto para los enfermos como para los famélicos que yacen en la pobreza, porque les anuncian salud y riquezas; pero la vista de fuentes y manantiales secos es fatal al enfermo y sume al indigente en una desesperación mayor.

El sueño en que aparecen **pantanos,** solamente es bueno para los pastores: a las demás personas le aporta dificultades, fatigas y disgustos.

§ 2. Las **montañas,** los valles, los bosques y las landas anuncian tristezas, tribulaciones y desgracias para los hombres que viven en la servidumbre y para aquellos cuyas acciones no son del todo honradas. Pero estos desventurados presagios todavía son más nefastos si en lugar de franquear las montañas y los valles, de atravesar los bosques y las landas, se ve divertirse y dormir en la carretera.

Los **caminos** largos, unidos y de fácil recorrido nos predicen una buena salud y alegría; *los caminos estrechos, tortuosos y de difícil acceso nos predicen, por el contrario, enfermedades, penas y angustias.*

VI

FUNCIONES Y DIGNIDADES

§ 1. Los **tribunales,** los jueces, los abogados y los procuradores nos anuncian dificultades y turbaciones, enemistades y gastos sin provecho; además, nos dicen que nuestros pensamientos y nuestros secretos serán ofrecidos a la curiosidad de todo el mundo.

El enfermo que en sueños intente un proceso y le gane verá mejorar su salud; mas si lo pierde, sabrá que está destinado a fallecer de la enfermedad que padece.

Todo el que, habiendo entablado un procedimiento, sueñe hallarse sentado en el sitial del juez y dar sentencia, triunfará de su rival.

§ 2. Los **médicos** que vemos en sueños cuando defendemos un pleito tienen la misma y fatal significación que los procuradores, jueces, abogados y todos los embrolladores a quienes gustan las controversias, las disputas y las argucias.

§ 3. El enfermo que sueñe ser **rey,** emperador y presidente de un pueblo, morirá en seguida, porque los reyes y los presidentes de las naciones, ni más ni menos que la muerte, no se hallan sujetos a nadie. El hombre sano que tenga este sueño verá perecer a sus parientes y a sus amigos, porque los reyes viven en el aislamiento y están demasiado altos para tener compañeros.

El malhechor que sueñe ser rey o emperador se verá sorprendido y descubierto por sus propias torpezas, porque los reyes y los emperadores, como son muy conocidos, no pueden permanecer escondidos y se hallan rodeados de su guardia.

Un **cetro,** una corona, un ornamento o un manto real le serán del mismo presagio que la dignidad. El indigente que tenga este sueño cumplirá brillantemente sus cometidos y conquistará una cierta consideración; el cautivo y el que dependa de otro obtendrá su libertad. El poeta y el filósofo que se vea portador de insignias reales habrá tenido un sueño favorable, porque en el mundo nada es más augusto que un bello pensamiento o un bello poema.

El que, siendo capitán, se vea en su misma función, podrá regocijarse; mas el pobre que no es admitido ni a los grados ni a los honores, sólo alcanzará de este sueño difamaciones y sinsabores.

§ 4. Quien sueñe con ser **escribano,** después de este sueño únicamente hará negocios en beneficio de los demás; y se ha comprobado que el enfermo que tiene semejante visión se aproxima a su fin. Ser escribano es un sueño que a los servidores les da fe y alguna autoridad.

Todo el que se vea investido de funciones municipales o tenga a su cargo la dirección de mujeres y niños, conocerá los fracasos y las desgracias. Los que distribuyan víveres al pueblo serán difamados, a menos de que, siendo médicos o higienistas, no tengan la obligación de velar por la salud pública.

§ 5. El soñador que distribuya **dinero** a los pobres, cumpliendo, por consiguiente, una obra de beneficencia, si es pobre, habrá de considerarlo como un buen presagio; pero si es rico, dilapidará sus bienes. Los que trabajen en el alambre, los acróbatas, los cómicos y los farsantes recibirán provechos de este sueño, que les proporcionará aplausos y un poco de estimación. El que en sueños se vea inclinado a tales larguezas y distribuciones y preserve al mismo tiempo una parte para él, obtendrá venturas; mas es preciso que no sueñe recibir como una limosna esta parte, porque entonces le será anunciada su próxima muerte: los muertos no reciben nada.

Quien sueñe desempeñar un empleo religioso (ser **sacerdote**) habrá tenido una visión atrayente, siempre que no se obstine en guardar secretos sus pensamientos y que sus proyectos sean revelados.

§ 6. Verse presidir una asamblea o administrar una congregación, algunas veces es anuncio de perjuicios, y más frecuentemente, de agitaciones.

Toda mujer que sueñe ocupar las funciones o hallarse investida de los poderes reservados a los hombres, sabrá que se encuentra cerca de la muerte.

§ 7. Preparando la guerra, verse en sueños de **soldado** o a los hombres para el combate, son visiones molestas, que nos proporcionan malquerencias y desuniones. Los soldados y sus jefes, cuyo oficio es hacer la guerra, sacarán satisfacciones de él.

Las **armaduras** que protegen al cuerpo y le cubren, así como los broqueles, los yelmos y los petos de hierro, anuncian al soñador que su persona y sus bienes están en seguridad; las armas que blandimos y lanzamos, la pica, el dardo o la flecha, son indicio de que sostendremos enojosos debates y de que en nuestra casa se instalará el desorden. Las espadas cortas o largas predicen las virtudes guerreras.

El **yelmo** y el broquel, si tienen una significación de égida, se refieren lo mismo a las mujeres ricas y bellas que a las pobres y repulsivas, según la cualidad de las armaduras y el lujo o la simplicidad de su decoración.

Los ancianos y los enfermos que vean soldados y les aclamen, o que se equipen para ir a la guerra, recibirán la advertencia de que su muerte está próxima; las demás personas que lo hagan tendrán que huír rápidamente hacia otros cielos, luego de haber sufrido odiosas persecuciones y afrentosas acusaciones, que le habrán costado mil angustias. Ciertos pobres que se vean correr en el combate podrán considerarlo como un buen sueño, porque el soldado nunca se va sin presa. Los hombres de condición humilde, obligados, para poder subsistir, a poner sus esfuerzos y sus personas a disposición de un amo, si se ven disfrazados de guerreros pueden alcanzar alguna estimación eventual.

§ 8. Los que en sueños se batan en **duelo** conocerán al poco tiempo lo enfadoso de los largos conflictos y de los pleitos aventurados. Este sueño, igualmente, es representativo de las leyes que prohiben los combates singulares y de los pesares que ellos prevén.

Todo el que vea las armas de un duelista que huye comparecerá ante un juez. Y si ve las armas del duelista que persigue al fugitivo indica lo contrario: que él llevará a alguien ante la justicia. Además, he · podido comprobar que este sueño precede al casamiento del soñador.

VII

MISCELANEA

§ 1. Es signo formal de peregrinaciones ver una escala. Las **escaleras** anuncian al soñador su avance en grados y en autoridad. A pesar de esto, ciertos autores han decidido que tal sueño es precursor de peligros.

La **grasera** provoca los destrozos y promete al soñador una esposa comilona. Las muelas anuncian una feliz terminación de los negocios, hasta entonces juzgados con incertidumbre. El mortero se refiere a la mujer, y el pilón, al marido.

Un **gallo** visto en la casa de un hombre pobre representa al padre de familia; en la casa de un hombre rico se refiere al mayordomo o al ecónomo.

Si se le aparece al soñador un gallo pelado y cubierto de pez, indica que perderá dinero y que sus inmuebles sufrirán deterioros.

§ 2. A los médicos, a los pintores y a los que negocian les será muy favorable ver **huevos** en sueños. A los hombres que no tienen esas profesiones ni hacen tráfico, el verlos en pequeña cantidad les proporciona alguna ganancia; pero si aparecen en gran número les proporcionarán desacuerdos, desencantos y cuidados a centenares.

Es preciso juzgar comúnmente que las apariciones de seres u objetos que no tienen ninguna apariencia natural nos inducen siempre a esperanzas vanas, a votos irrealizables y a empresas insensatas.

§ 3. Para el que los ve en sueños, los **libros** representan su vida. Deberá juzgarlos según su estado de vetustez o de conservación, de sordidez o de riqueza.

El hecho de nutrirse de libros en sueños solamente parece beneficioso a los preceptores, profesores, maestros de escuela y libreros, a los abogados y hombres públicos. Las demás personas que se vean comer libros o devorarlos ávidamente morirán de súbito.

§ 4. El **lazo** o el collar son anunciadores de obstáculos en nuestras empresas y enfermedades. La vista de lazos dará algún honor y alguna dignidad al soñador humilde, si es fiel y leal; los demás se verán privados de estas mercedes. Los célibes a menudo suelen ser empujados al matrimonio después de haber tenido este sueño; las mujeres estériles y los hombres que deseen una posteridad la obtendrá por esta visión.

§ 5. Infligir una reprimenda a alguien, **pegarle** con cuerdas, azotarle o fustigarle, será ventajoso para el soñador, a condición de que la persona pegada o azotada sea inferior y subordinada, humilde y desprovista de fortuna.

El durmiente que se vea pegando a su mujer tendrá motivos para pensar que ella es adúltera y que le engaña.

Ser corregido y fustigado por un muerto o por alguna persona que está bajo nosotros es un mal presagio; pero ser pegado por una persona **capaz, rica y honorable,** es, al contrario, un presagio bastante feliz. Es preferible en esta circunstancia ser pegado con la mano o fustigado con cualquiera otra cosa que no sean tiras de cuero, las cuales sólo anuncian desacuerdos y pérdidas, a causa de las señales que dejan en el cuerpo.

§ 6. La **muerte** y el **matrimonio** en sueños tienen relaciones muy estrechas. **Por** esto, el que sueñe estar muerto tendrá grandes probabilidades de casarse; y también el enfermo que vea celebrar sus propios esponsales recibirá la advertencia de que su muerte es inminente.

El hombre casado que sueñe hallarse **muerto** se divorciará, repudiará a su mujer o será separado de sus amigos y compañeros, porque los muertos no frecuentan a las mujeres ni tienen amigos. El que vive apaciblemente en su país natal será empujado, por este sueño, hacia las aventuras, y quizá se expatriará.

Hallarse muerto es un sueño lleno de atractivos para los padres, los poetas, los escritores, los oradores y los filósofos: los primeros verán a sus hijos crecer en fuerza, en belleza y en inteligencia; los otros escribirán obras aplaudidas.

Este sueño ha sido objeto de mis más atentos estudios; y me han demostrado que no solamente es favorable a los que tienen penas y tristezas, toda vez que los muertos no tienen penas ni tristezas, sino que es todavía más ventajoso para los que pleitean ante la justicia por motivos de herencias, o que desean adquirir bienes rurales. Para la solución de los demás asuntos este sueño generalmente es nefasto.

Todo enfermo que sueñe estar muerto, echado en tierra y enterrado (cosa que tiene idéntica significación) curará, porque los muertos nunca están enfermos. El que se vea echado en tierra y enterrado vivo será encerrado, sin previo juicio, en un calabozo y se debilitará en él.

Cualquier efecto que tenga este sueño, ya nos proporcione beneficios o perjuicios, si nos vemos muertos por otro, de la persona que es causa de nuestra muerte vendrán los favores o los ultrajes. La muerte que nos sea infligida después de una sentencia judicial, hará más crueles los males que nos vengan, o más amables las gracias que se nos prodiguen.

Verse en sueños colgado o estrangulado por alguno, o por nosotros mismos, es una predicción de angustias próximas o de abandono de residencia.

El verse **crucificado** es un buen presagio para los que navegan y para los hombres que carecen de dinero; para los que se hallen repletos de él este sueño significa aflicciones y desencantos; los célibes verán en él una promesa de matrimonio, y los siervos, una promesa de libertad. Verse crucificado en un establecimiento o monumento público es signo de que tendremos la carga o el oficio inherente a este establecimiento o monumento; así, por ejemplo, el soñador que se vea crucificado en una escuela será profesor, y el que se vea crucificado en una iglesia tomará órdenes.

Todo el que, siendo pobre, se vea muerto por animales, adquirirá riquezas suficientes para nutrirse y satisfacer las diversas necesidades de su existencia; pero el rico sólo sacará de este sueño turbaciones, injurias y difamaciones de personas representadas por los animales que le han dado muerte. Para muchos individuos este sueño ha sido presagio de desgracias. El servidor, en fin, que se vea destrozado por las bestias, recobrará su libertad.

§ 7. El que **se mate** sabrá por este sueño que la duración de su vida ha sido muy disminuída; y, por otra parte solamente a él mismo deberá sus prosperidades y sus desgracias.

§ 8. Quien, a propósito de una ceremonia expiatoria, se vea **sacrificado** sobre el altar de una divinidad, en un lugar consagrado al culto, o más simplemente, en una plaza pública, obtendrá de estos sueños excelentes resultados los siervos y todas las gentes asalariadas deberán mostrarse ávidos en tener estos sueños, porque para ellos es un síntoma de riqueza o, por lo menos, de un súbito alivio.

§ 9. Es deseable el verse **arder** vivo, o puesto sobre un leño, circunstancias indicativas de que estamos alcanzados por la gracia. Los enfermos quemados vivos recuperan en seguida la salud.

Los jóvenes y las jóvenes podrán ver en la leñera, y en su propia destrucción por las llamas, el anuncio de una posible pérdida de la razón, y también de evidentes deseos de amor.

§ 10. En los sueños es preferible **llevar a uno** que el ser llevado, porque es más honorable dar que recibir; al que lleva representa al bienhechor; al que es llevado, al obligado.

Ser transportado por mujeres, por niños o por mendigos es signo de que los beneficios que nos esperan serán débiles, y la ayuda que deseamos, ineficaz.

Es ventajoso para el hombre, sin embargo, el verse instalado sobre las espaldas de su ramo, como igualmente es favorable para el indigente el verse transportado por un hombre de gran fortuna y estimado por todo el mundo.

§ 11. Soñar que vemos **muertos,** sin conversar con ellos, para el soñador es un signo de que le son propicias el júbilo y la fortuna, si estos muertos, en vida, fueron bondadosos para él; mas si fueron sus enemigos o detractores, sabrá que le acechan las decepciones y la ruina.

El sueño en el cual los muertos se apoderan de nuestros vestidos, de nuestra vajilla, de nuestro dinero o de nuestros víveres y se les lleven, es preciso considerarlo funesto, porque precede al fallecimiento de un pariente o de algún amigo; pero si estos muertos suministran al durmiente ropas, dinero o mercancías, deberá considerar útil su visión.

He conocido un hombre que vió aparecer a su esposa, muerta hacía ya largo tiempo, entrar en su casa y dedicarse a los quehaceres domésticos: al día siguiente varios de los mejores amigos fueron atacados de graves enfermedades.

§ 12. Algunos buenos autores aseguran que el sueño en que aparecen **monedas,** cualquiera que sean su valor o el metal de que estén hechas, es siempre nefasto. En lo que a mí se refiere, he comprobado que las monedas de bronce anuncian tristezas, disputas y cóleras; pero las de plata guardan una relación con las charlas provechosas y con las empresas felices. Dos monedas de oro todavía son más ventajosas y predicen el éxito.

Reconozco que en sueños vale más poseer poco dinero que mucho, porque las grandes sumas no se gastan sin cuidados y preocupaciones.

Todo el que descubra un **tesoro** escondido en la tierra será alcanzado por la desgracia; mas si el descubrimiento es de poca importancia, éstos serán benignos, pero temible si es de gran valor. El soñador que se vea desenterrando un tesoro maravilloso, quedará paralizado, caerá en la melancolía y en la corrupción, y después morirá y será enterrado como el tesoro.

§ 13. Las **lágrimas** que vierta el soñador a la memoria de algún amigo fallecido y la pena que le cause esta desaparición son mensajeros de júbilos y de satisfacciones que sacará de una acción loable y discretamente cumplida. Los efectos de este sueño son razonables y naturales, porque nuestro espíritu no carece de afinidad con el aire que nos rodea; y así como la atmósfera, sujeta siempre a tantas variaciones, que de serena se convierte en tumultuosa, y de límpida en obscura, nuestro espíritu pasa sin cesar de la tristeza a la alegría y de la jovialidad a las alarmas. Es tan verdad esto, que el verse en sueños alegre significa invariablemente para el soñador un presagio de tristeza, y el verse triste a menudo anuncia alegría. Sin embargo, no es preciso que el soñador se vea contristado y afligido sin motivo, pues en este caso, al despertarse podría ocurrir muy fácilmente que cayese en la hipocondría.

§ 14. El hombre que se halla al servicio de otro, y el que esté deseoso de tener hijos podrá regocijarse del sueño en el cual se vean habiendo hecho construir su **sepulcro,** o construirlo ellos mismos: el siervo obtendrá la libertad, el otro tendrá hijos y alcanzará muchos beneficios.

A menudo este sueño es un indicio de casamiento, de alianza o de asociación; anuncia, además, próximas adquisiciones de tierras.

Tanto los ricos como los pobres, generalmente obtienen favorables resultados del sueño en el que ven sus sepulturas; mas es necesario que no se hallen ni rajadas, ni hundidas, ni arruinadas, porque en este **caso** sólo experimentarían contrariedades o **males** aún mayores.

§ 15. Los muertos que vemos **resucitar** nos porporcionarán muchas agitaciones **y** turbulencias, pues es preciso juzgar este sueño como si el suceso ocurriera en la realidad. ¡Cuántas perturbaciones provocarían los muertos que resucitasen! Naturalmente, querrían entrar en posesión de los bienes repartidos entre los herederos, y continuar como en el pasado. ¡Fácilmente se comprenden las amarguras y hasta las pérdidas que semejantes circunstancias acarrearían a los herederos!

Los resucitados que mueren de nuevo provocan la muerte de todos los que llevan sus nombres.

§ 16. La **bebida** o la absorción en sueños de un brebaje, o de un alimento **envenenado** tienen idéntica significación que la muerte, y debo advertir al durmiente que vea un animal cualquiera resbalándose o escondiéndose bajo su cama que está destinado a morir en seguida y que fallecerá repentinamente.

El enfermo que se vea casándose con una hija, morirá; pero este sueño es favorable al que intente emprender algún negocio, porque será acabado con felicidad.

Quien ambicione una herencia, después de este sueño perderá la ambición, porque todo el que se casa se beneficia de la dote de su esposa; para los demás hombres la ceremonia de los esponsales sólo les proporcionaría inquietudes, porque las bodas no se hacen sin turbaciones, ruidos y desórdenes.

El que se case con una mujer dispuesta y avispada recibirá por este sueño un aviso para no seguir sus nuevas empresas, sino que debe perseverar en las antiguas; todo el que vea a su mujer casada con otro deberá cambiar de profesión, tendrá nuevas afecciones y, algunas veces, se divorciará.

Si una mujer sueña que es la esposa de un hombre que no es su marido indica que se separará de él, o que le verá morir, según lo que atestiguan famosos interpretadores de sueños. Por mi parte he observado que no siempre ocurría semejante cosa, sino solamente cuando la soñadora no esté embarazada o no sea madre aún, o que no desee liquidar los bienes que le corresponden de sus padres, pues en el caso en que la soñadora se halle encinta, indica que tendrá una hija y la verá casarse; y en el caso en que ella desee librarse de su herencia, indica que hará un cambio o un trueque regularizado por contrato, lo mismo que se hace un contrato para regularizar un casamiento.

§ 17. Todo soñador que se vea **volando** y planeando en una posición normal a cierta distancia del suelo, recibirá la seguridad de que se elevará por encima de los hombres que le rodean, dominará su mediocridad y alcanzará suerte, dicha, oro y plata: todos los beneficios que distinguen un hombre de otros y desearán su cariño y su respeto. Sin embargo, tan grandes mercedes solamente serán otorgadas al que se vea volando y planeando en su propio país, porque si se eleva de un suelo extranjero presagia que se expatriará y no volverá más a su país natal.

Es de buen augur soñar tener alas: el hombre que se acoquine en una servidumbre deprimente, obtendrá la libertad por este sueño; el que ha nacido pobre y no ha conocido ni el júbilo ni la consideración, logrará algún mejoramiento; el que ha nacido rico, sabrá que es extremadamente penoso el verse volar muy alto y sin alas, o planeando sobre las casas, sobre las calles o sobre las encrucijadas, porque de este sueño solamente sacará dificultades aumentadas, turbulencias y jaleos, sin perjuicio del desorden y de la insurrección que desolarán su hogar.

El hombre de condición vil que se vea volar a gran altura, podrá pretender franquear el umbral de las casas opulentas, y quizá será admitido en la sociedad de personas distinguidas; pero el que no quiere desvelar ni sus pensamientos ni sus proyectos, será traicionado por este sueño, pues todo el mundo ve el cielo.

Volar en compañía de pájaros es indicio de que tendremos ocasión de divertirnos con extranjeros. Este sueño únicamente es nefasto a los malhechores, porque serán denunciados y castigados.

Es muy favorable para el soñador el verse retornar hábilmente a tierra y el despertarse después del aterrizaje. Cuando, por su propia voluntad, se eleve y descienda sin impedimentos, como si ejecutase un acto natural, sus negocios prosperarán y los fracasos le serán desconocidos; mas, si vuela por necesidad, por cuenta de otros hombres, de fantasmas o de animales, experimentará sinsabores e inquietudes.

Volar en la posición de nadar, solamente es favorable para el navegante, porque las personas que reposan tranquilamente se asemejan al barco que sigue su camino sin tropiezos y sin tempestades; mas, para el resto de los hombres, este sueño es anuncio de holganza y ociosidad; el enfermo que tenga este sueño debe prepararse a morir; y por otra parte, en cualquier forma que un enfermo sueñe volar lo será funesto la predicción, pues se da por cierto que las almas, al abandonar el cuerpo después de la muerte, suben al cielo en un vuelo rápido, parecido al de los pájaros pequeños.

Hay que temer al sueño en que nos vemos volando con la cabeza para abajo y cuando el soñador tiene la intención de volar y no puede conseguirlo.

Volar es un mal presagio para toda persona que, por su profesión, tenga que permanecer sentada; mas, los prisioneros y todos los que se hallen bajo la dominación de un amo y le obedecen ciegamente, alcanzarán la libertad después de tener este sueño.

He conocido a varios hombres que soñaron volar y se quedaron ciegos, porque, supongo yo, fueron atacados de vértigo y sintieron el miedo de caer pesadamente en tierra.

Todo el que se vea volando en un sofá, en una cama o en algún aparato destinado a mantenerle en seguridad, tendrá una larga enfermedad; no obstante, esta visión es venturosa para el que proyecta un largo viaje, porque es signo de que le acompañará su familia y de que se llevará sus muebles y sus objetos.

§ 18. Desde luego, puede concederse nuestra confianza a las **divinidades** que se dignan hablarnos en sueños, porque la mentira es impropia y desconocida para las dignidades. Las palabras que pronuncian los sacerdotes y los dignatarios de la religión solamente pueden ser verídicas, porque los hombres, al igual que los dioses, honran este ministerio.

Los padres, las madres, los maestros y los preceptores son dignos de crédito, y, como los dioses, los primeros nos dan la vida, y los últimos, nos instruyen en el bien y nos enseñan las virtudes. También se podrán creer las palabras de los profetas, augures, astrólogos e interpretadores de sueños, procurando establecer un juicioso discernimiento entre los que son probos y sinceros y los que mienten y engañan a las gentes.

Los muertos que pueblan nuestros sueños no sabrían ni mentir ni engañarnos, porque quien engaña a su vecino o disfraza la verdad lo hace con una esperanza de provecho, y los muertos no aguardan ningún beneficio nuestro.

Los viejos, los niños, los animales que nos hablan en sueños no deben hallarnos incrédulos, porque los viejos poseen la sabiduría, y los niños y los animales, la inocencia.

Los discursos, las frases y las opiniones de todos los demás hombres deberán ser tenidas por sospechosas, quien prudentemente hará mejor en desdeñarlas. Sin embargo, deberán creer las profecías que le hagan personas claramente virtuosas, que vivan en la abstinencia y en las maceraciones.

LIBRO TERCERO

LOS SUEÑOS COMPLEJOS

Si alguien piensa que he copiado ciertas observaciones de mis predecesores, le advierto que se halla en un error. Además, cuando reflexione sobre este prefacio, comprenderá mis doctrinas e intenciones.

Sí, por otra parte, entre mis lectores hay alguno cuyas opiniones respecto a algunos sueños sean opuestas a la mías, no dejo de reconocer que sus argumentos contradictorios pueden ser tenidos igualmente por verídicos. Si yo hubiera podido tener el poder de dar a estos sueños una significación que no tienen, pero que hubiese podido complacer a mucha gente y halagarles, lo habría hecho de tal modo si yo no hubiera buscado para mis trabajos otra cosa que la notoriedad y los favores, como lo hacen los comediantes y los prestidigitadores o las personas que comercian con su palabra y con su talento. Pero mi industria no es ésta. Yo nunca he buscado otra cosa que la verdad, apoyándome en testimonios, solicitándolos, comprobándolos y llamando en mi ayuda a la razón.

Creo haber adquirido alguna experiencia en la interpretación de los sueños, porque jamás hice otra cosa durante todas las noches y los días de mi vida, dedicando todas mis meditaciones y todo mi espíritu al estudio de esta ciencia.

Dirijo este ruego al lector: que no añada ni quite nada a mi obra, pues quien se sienta capaz de añadir algo hará mejor en escribir un libro personalmente suyo; y quien estime que en mi libro hay superfluidades y cosas pesadas, tiene la facultad de admitir lo que le parezca justo y bueno, dejando el resto para los demás.

I

LAS ADQUISICIONES

§ 1. Siempre amable y venturoso será el sueño en el que venzamos a un contrario en el juego de los **dados,** porque esta visión es anunciadora de debates, pleitos y litigios.

Y será nefasto para el enfermo que habiendo ganado a su adversario, vea a éste rehusar la continuación, y se retire.

Los dados o las tablas solas, vistos en sueños, traen la predicción de enredos y de pleitos, y algunas veces suelen anunciar discusiones y rebeliones domésticas.

Obtendremos algunos beneficios si vemos a un niño jugando a los dados o a las fichas; mas, según he dicho ya, el hombre que se vea con tal ocupación no ganará nada, a menos de que no espere ni ambicione alguna herencia, pues en este caso, será satisfecho en sus deseos, porque los dados están hechos de huesos de muerto.

§ 2. **Hurtar** y apropiarse de un objeto cualquiera es un mal presagio, y más aún si el objeto hurtado es precioso y lo guardaba celosamente su dueño; esta visión pondrá en gran peligro al durmiente y le anuncia una condena infamante, igual a la que se imponen a los ladrones y a los estafadores.

Con la excepción de los Ministros de cultos, que tienen la costumbre de recibir ofrendas y de repartirlas, que parecen alimentados por sus dioses, y manifiestamente no pueden cometer sacrilegios, es funesto para todo el mundo el soñar haber cometido un sacrilegio.

Los comediantes, los farsantes y los payasos, que alteran la verdad sin cesar no tendrán que sufrir por las mentiras que digan en sueños; pero toda otra persona que no tenga estas grotestas profesiones se sentirá molesta de semejante sueño.

Es menos peligroso disfrazar la verdad a los extraños que a los miembros de la familia, porque este sueño advierte al soñador que caerá en un gran insomnio y dejadez, aunque engañe a los suyos en asuntos fútiles y de pequeña importancia.

II

LOS ANIMALES

§ 1. Las **codornices** que aparecen en sueños presagian las malas noticias y anuncian a los mensajeros de la desgracia. Estos pájaros son enemigos de la verdad, de las alianzas, de los casamientos y de todo extremo de buena relación; a menudo significan turbulencias y pleitos, y al enfermo le suelen anunciar su próxima muerte.

El viajero deberá temer el sueño en el que vea codornices, porque estos animales predicen las emboscadas, los peligros, las dificultades y las traiciones, por causa de que estos pájaros son expiados cuando vuelan, perseguidos cuando se posan en el suelo para buscar su alimento, y frecuentemente caen entre las manos de los cazadores.

Ver en sueños un combate de **gallos** o de

gallos que se ataquen con el pico y con las uñas, es un signo de discordia, conflictos y desórdenes.

§ 2. Como decimos que las **hormigas** son laboriosas y diligentes, el verlas en sueños es favorable a los cultivadores: les prometen la fertilidad de sus tierras y la abundancia de sus cosechas, porque donde no hay granos tampoco hay hormigas.

Los comerciantes, los funcionarios y todos los que viven a costa de la colectividad o de gran número de personas, obtendrán beneficios de este sueño. El enfermo curará, siempre que las hormigas no se acerquen a su cuerpo, porque estos animalitos no cesan de cavar galerías y, hasta cierto punto, de laborar la tierra, trabajos que no hacen los enfermos; mas, si el paciente las ve acercarse a su cuerpo, morirá; pues las hormigas, hijas de la tierra, son negras y frías como los muertos. A los demás hombres las hormigas les auguran trastornos, pérdidas y gastos y, algunas veces, viajes peligrosos.

§ 3. El que en sueños se vea llevando una pequeña cantidad de **piojos,** será librado de los cuidados y de las tentaciones que le atormentan; pero el que vea pulular millares de ellos en sus cabellos caerá en una gran pobreza y terminará en la miseria, porque los piojos son el patrimonio de los infortunados y de los desgraciados que se complacen en la suciedad y en la ignominia.

Todo soñador que se espurgue y consiga librarse de estos parásitos vencerá la muerte y triunfará de las dificultades que se oponen a su dicha.

El que eche grandes **gusanos** por la boca o los eche por el ano, conocerá a los enemigos conjurados contra él, y denunciará sus viles maniobras.

§ 4. Los gusanos pequeños anuncian al durmiente asuntos enojosos que le pondrán triste y le harán estar preocupados. Estas desgracias vendrán de parte de su familia o de su esposa.

Las **moscas** y los tábanos significan, que seres malvados asaltarán al durmiente y le difamarán.

El negociante y el encargado de taberna sufrirán perjuicios con el sueño en el que vean y oigan zumbar moscas y tábanos a su alrededor: sus vinos se agriarán, porque a algunas moscas grandes les gusta mucho el vino corrompido.

§ 5. El **cocodrilo** que se nos aparece en sueños nos previene que estamos a punto de

sufrir los ataques de gentes sin honor y sin
fe, y que debemos guardar nuestras vidas
amenazadas por bandidos; en resumen: que
individuos malintencionados rondan a nuestro alrededor, como rondan en las orillas de
los ríos los cocodriles rapaces y crueles.

Los **gatos** nos advierten que cerca de nosotros se prepara o se consuma un adulterio.
Predicen al soñador las caídas más bajas
y los más vergonzosos excesos.

§ 6. Los **ratones** nos representan las personas que están a nuestro servicio o a nuestra devoción; por eso es favorable el verlos
juguetear unos con otros.

Las **cornejas** representan a las mujeres as-
tutas y malvadas; pero también nos pueden
anunciar un pleito o la muerte, porque la corneja corrompe todo lo que coge, o, además,
beneficios, pues algunos la llaman "victoria".

El soñador juzgará estas diversas significaciones según que vea alejarse o acercarse
a la corneja, ser objeto de cuidados o de
brutalidades.

§ 7. Las **cigarras** y los **grillos,** insectos
zumbadores, se refieren a los músicos. Aquellos que se retrasan, que tendrían necesidad
de consejos y de ayuda, si ven en sueños estos animales no la obtendrán, así como tam-

poco, ni la amistad, ni el aliento de sus íntimos; la confidencia que ellos le hagan de sus negocios no le aliviarán en lo más mínimo, aunque no le agravarán su situación.

Los que temen los embates de la suerte y son de alma pusilánime, sabrán, por las cigarras y por los grillos, que las amenazas temidas quedarán sin efecto. Los enfermos, ante la vista de la cigarra, sufrirán accesos de fiebre, se debilitarán grandemente y morirán de inanición, porque las cigarras no comen nunca.

§ 8. Vistos en sueños los **topos,** se refieren a los hombres cegados por sus proyectos, cuyos trabajos son vanos e insensatos. Anuncian también al durmiente que sus proyectos serán revelados, así como, igualmente, su torpeza.

El armonioso desenvolvimiento de nuestras empresas se verá turbado y detenido por la visión en la que veamos **mochuelos, buhos, cornejas, murciélagos** y otros pájaros nocturnos. No obstante, suprime los temores que experimentamos y los conflictos que esperamos.

Los murciélagos, cuando se aparecen solos, son favorables a las embarazadas, por razón de que, contrariamente a los demás pájaros, los murciélagos no ponen huevos, sino que, como las mujeres, paren crías que alimentan a sus pechos.

Todo el que vea un murciélago o un pájaro nocturno entrar en su casa y establecer en ella su vivienda podrá considerarlo como un signo de que su morada quedará pronto desierta. Todo el que haga un viaje, ya por mar o ya por tierra, será bamboleado por una furiosa tempestad o asaltado por bandidos, que le despojarán.

III

LAS PASIONES

§ 1. Para todo el mundo es malo soñar **odiar** así a los enemigos como a las personas de la familia, lo mismo que es funesto el soñar que somos odiados, pues nadie puede vivir en el aislamiento y todo el mundo tiene

El **batirse** con un miembro de la familia no es mucho mejor que el batirse con un extraño. El enfermo que tenga este sueño, será atacado de fiebre y divagará.

Todo el que sueñe desafiar a un rey, a un príncipe, a un magistrado, a cualquier otro personaje potente y estimado y que les vea tambalearse bajo los puñetazos que les dé en el rostro, o bajo los puntapiés que les dé en las piernas, podrá considerarlo como un sueño temible, porque es peligroso atacar a las personas ilustres y honorables, a causa de su situación y de su fortuna.

§ 2. Ver **pegarse** o ahogarse a otras personas o verlas martirizarse ellas mismas, son presagios venturosos: después de esta visión nuestras empresas tendrán un gran éxito.

§ 3. El hombre que tiene sobre su conciencia alguna **mala acción,** que ha cometido una falta contra la decencia o contra la Religión será puesto en prisión, cargado de cadenas, de lazos y gemirá en muchos calabozos.

Los hombres honestos y probos que tengan este sueño se verán abrumados por las enfermedades y las miserias físicas o llevarán en el extranjero una vida errante, vagabunda e incierta.

El célibe que desee casarse verá cumplido su anhelo si camina tranquilamente sobre la superficie del **mar.** El hombre que haya vivido bajo la dependencia de un amo brutal y haya sufrido bajo su férula, desde el momento de esta visión sólo conocerá la bondad y el agrado de su opresor y de sus hijos. El viajero, después de este sueño, seguirá tranquilamente su viaje.

Quien se vea abrumado por la intrincada marcha de sus negocios los verá aclararse si camina sobre el mar, porque el mar representa el juez que, según su deseo, para unos tiene bondades y para los otros rigores.

El mar se refiere también a la mujer, a causa de su humedad, y a los personajes autoritarios y elevados, a causa de su potencia. El joven que en sueños camine sobre el mar, conocerá los placeres del amor; la joven deberá disponerse a caer en la lujuria, porque el mar es semejante a la prostituta, que es tan pérfido como ella, y, como ella, lleno de atractivos, pero que, como el mar, con frecuencia extravía a los hombres, los pierde, los arruina y los zarandea.

Todos los que viven en la comunidad y que entretienen al pueblo, como los funcionarios, los magistrados, los administradores y los ministros de cultos, con este sueño alcanzarán nuevos honores y nuevas prebendas, que las gentes de aspiraciones múltiples, de opiniones varias y encontradas, son parecidas a la mar y a las dudas, confusas y tumultuosas.

§ 4. Plasmar y **modelar** en tierra y trabajar en cualquier otra materia haciendo figuritas que representen hombres, son sueños bienhechores para los preceptores y los educadores de niños, pues los educarán en la prudencia y en la honradez y les darán una *instrucción sensata*.

Los que no tienen hijos que educar o dirigir y que sueñen esto, serán padres de hijos que se les parecerán y les honrarán.

§ 5. Quien se vea atado al timón de un **arado,** en la forma que los caballos y bueyes que trabajan la tierra, caerá enfermo, tendrá penas y aflicciones, o bien deberá, para subsistir, entrar de criado y vivir como siervo. Sea la que quieran la fortuna o indigencia del soñador, su debilidad o su potencia, su mediocridad o su gloria, este sueño tendrá para él, inevitablemente, los efectos que acabo de referir.

El que se vea sentado en un **carro** al cual estén sujetos varios hombres, tendrá autoridad sobre los demás, los gobernará a su voluntad o bien será padre de hijo cuyas virtudes y costumbres serán dignas de elogios.

Como los viajes se hallan subordinados a este sueño, los que tengamos en proyecto serán diferidos, pero el viajero ganará seguridad.

§ 6. Generalmente es favorable el sueño en que nos vemos caer en la demencia o en la excentricidad. Así, el que proyecta una empresa, aportará mucho esfuerzo y mucho discurso, porque los **locos** hacen todo lo que se les antoja con la sola ayuda de su fantasía;

quien enseñe conseguirá todo lo que desee, porque los niños siguen de muy buena gana a los locos, les hacen cortejo y son atraídos por sus delirios; el que sea pobre entrará en posesión de algún bien, porque los locos, faltos de reflexión y de escrúpulos, toman de todas las manos, y el enfermo se regocijará de ello: la locura no abate nunca a aquel de quien se apodera, sino que, por el contrario, le incita a la multiplicación de sus gestos y expresiones. Por último, los jueces y los magistrados que se vean extraviados en sueños, ganarán autoridad y consideración, porque alrededor de los locos se hace mucho ruido y la gente les sigue sus acciones.

En cambio, el sueño es nefasto cuando nos vemos caer **ebrios** en las calles. Quien tenga este sueño, cometerá graves imprudencias; pero está probado que aquellos cuya alma es inquieta y temerosa, lograrán audacia por este sueño, pues los chicos no dudan de nada y se hallan pletóricos de atrevimiento y de descoco.

§ 7. Tener **miedo** no es un buen presagio para nadie, pues el miedoso no tiene ni energía ni resistencia, y un cuerpo, a causa del pánico, se halla en peligro de sufrir todos los males y pesares que teme.

IV

LOS PARIENTES

§ 1. Estén vivos o muertos, si aparecen
mudos y desdeñosos, amenazadores y bruta-
les, el **suegro** y la **suegra,** vistos en sueño,
son siempre de mal augurio. Si al referirse al
durmiente emplean palabras dulces y demos-
traciones amistosas, sufriremos decepciones
y tendremos vanas esperanzas.

Algunas veces este sueño es anunciador de
un largo viaje o de un desplazamiento, porque si el padre representa la cara, el suegro
y la suegra representan personas extrañas a
la familia del soñador o de personas que le
son desconocidas.

§ 2. Nuestros **antepasados,** cuando se aparecen en sueños, nos traen dificultades que
se agravarán si las personas aparecidas nos

son severas, injustas o desagradables, pero se disiparán en seguida si las apariciones se muestran corteses y amables.

El que en sueños vea muy jóvenes a sus **descendientes,** experimentará agitaciones y penas, pero si los ve mayores y en la fuerza de la edad, le valdrán, al contrario, ayudas, concursos y consuelos.

V

LAS ENFERMEDADES Y LA FORTUNA

§ 1. El hombre habituado a la pobreza y que se aficione a los trabajos comunes y se vea invadido por la **lepra** o por la roña, debe prepararse a recibir riquezas y a ser ruidosamente enaltecido. El que, rico y omnipotente, sea roñoso o leproso, verá crecer su dignidad, aumentando sus cargos y sus prebendas.

La lepra y la roña, que son tan favorables a nuestro destino cuando las padecemos, nos son contrarias si las vemos en otras personas. En este caso, nos presagian calamidades sin cuento e innumerables sucesos enfadosos, porque todas las cosas feas y desagradables que contemplamos nos producen náuseas y nos contristan.

§ 2. Los pobres lograrán algunas ventajas si sueñan que se hallan gravemente **en-fermos,** porque las enfermedades afean el rostro y adelgazan el cuerpo, del mismo modo que las angustias estropean el rostro de los prisioneros y el cuerpo de los pobres. Las demás personas que tengan este sueño se quedarán sin trabajo, y para mayor desgracia, permanecerán en la ociosidad.

Si nos vemos visitando algún enfermo desconocido, este sueño tendrá la misma significación y los mismos efectos que el en que nos vemos enfermos; mas si visitamos a un amigo o a un miembro de la familia, a éstos es a quienes les ocurrirán las peripecias y las turbulencias.

He observado que todas las gracias y los males que presagian los sueños, si se tienen que realizar en seguida y por nosotros mismos, nos son mostrados como regocijantes o alcanzando videntemente nuestra propia persona; pero si nos aparecen menores y debilitados, entonces es a otro a quien conciernen, y sus efectos son diferidos.

§ 3. He notado que los jóvenes que en sueños resultan **heridos** en el estómago o en el corazón se enamoran, mientras que las personas de edad y marchitas, aunque reciban las mismas heridas sólo experimentan dolores, angustias y desgracias innumerables.

El que sea herido en la palma de la mano derecha contraerá deudas. El efecto de este sueño se explica porque el reconocimiento de las deudas obliga a pasar firmas escritas con la 'mano derecha. Mas el soñador que haya visto esto verá cicatrizarse con rapidez su llaga, y una piel nueva le recubrirá la herida y sabrá que sus dificultades y enojos serán de corta duración.

§ 4. Los acreedores y las **deudas** se refieren a la vida del soñador. Por eso el enfermo que vea a sus acreedores perseguirle con tenacidad, constreñirle de una manera indiscreta y, por último, apurarle, sabrá que su vida se halla en peligro; pero si consigue que sus acreedores le dejen en paz, morirá de seguro. Los funestos efectos de este sueño se explican teniendo en cuenta que la vida se la debemos a la naturaleza, madre de todos los seres, y que, tarde o temprano, es preciso volver a ella.

El que vea desaparecer o morir a sus acreedores habrá tenido un sueño feliz, porque sus temores y sus angustias se disiparán en seguida.

Los propietarios o los que alquilan sus casas tienen la misma significación que los acreedores. He conocido a algunos individuos, testigos dignos de crédito, que, después de este sueño vieron a sus hijos reclamarle la dote para casarse.

§ 5. Es un signo de complicidad o de participación en un mal hecho cualquiera el verse sufrir por las **heridas** que padezca otra persona o por los males que la agobien, pues las máculas y las imperfecciones del cuerpo se refieren siempre a las pasiones o a los afectos del alma.

§ 6. Quien, viviendo en la miseria, gana inciertamente su vida en pequeñas y sucias tareas; quien viva de la explotación de gentes mediocres, y el que ejerce negocios, sacará grandes ventajas si, en sueños, ve grandes montones de **estiércol.**

Los pobres que sueñen dormir ó revolcarse en el estiércol tendrán grandes probabilidades de acumular más riquezas de las que jamás creyeron; los ricos lograrán brillantes cargos y honores oficiales.

El que se vea manchado de estiércol por algún pariente o amigo, reñirá con él y le ultrajarán; pero si algún extraño les echa a la cara paletadas de estiércol, el soñador de-

berá esperar grandes perjuicios en un por
venir muy próximo.

§ 7. Toda persona que en sueños se vea
objeto de **súplicas** o demandas de pordiose-
ros o de individuos pobres y famélicos, experimentará infortunios, decepciones y angustias, porque nadie acude a la generosidad de los demás sin estar grandemente afligido; y el que se halla en situación triste y
lamentable no tiene ni estima ni consideración. Por otra parte, como los hambrientos
y los necesitados a menudo son importunos,
el que los vea en sueños podrá considerarlo
como el presagio de que sus asuntos se embrollarán y tropezarán con mil inconvenientes.

Si el soñador concede limosnas a los indigentes, correrá graves peligros, será arruinado o casi arruinado, se verá en trance de
muerte y asistirá, impasible, al fallecimiento de uno de sus amigos.

Los pobres, los harapientos y otras personas de aspecto patibulario que entren en la
casa del soñador y roben algún objeto, tienen para él la significación de males temi-
bles y de gran adversidad.

§ 8. El durmiente que, deseando casarse, vea **llaves,** tendrá una esposa de incom-

parables virtudes domésticas, guardián fiel y celosa de sus intereses y de su persona.

También es favorable este sueño a los que regentan casas o las administran o que desean regentar y administrar los negocios de otro: obtendrán un empleo lucrativo y cierta autoridad.

§ 9. Como los festines dados con motivo de los casamientos no se pueden dar sin la ayuda de los **cocineros,** es natural que estos individuos anuncien al soñador un próximo casamiento.

Las personas indigentes que siempre tienen mucha hambre, se harán beatas después de este sueño; mas les permitirá adquirir las suficientes riquezas para procurarse buena mesa y darse mejor vida.

Ante la aparición de un cocinero los enfermos sufrirán inflamaciones y verterán lágrimas. Los secretos de todo el mundo serán revelados por la intervención del cocinero, a causa de que las operaciones culinarias—preparación, coción y adobamiento de los manjares—no se hace en secreto, sino con la ayuda de varios marmitones.

§ 10. El soñador que se vea jugando al **ajedrez** ganará y obtendrá beneficios de di-

versas personas, a los que aturdirá con palabras mentirosas y promesas embusteras; si
vemos a otras personas jugar al ajedrez, será
engañado él, le despojarán y le asaltaran
personas sin conciencia y sin honor.

VI

MISCELANEA

§ 1. Estar en sueños enmascarados con **vestidos** ridículos es un presagio desagrada-**No**, porque nos previene que seremos obje-**lo de** burlas y de engaños. Además, nuestros **negocios** y empresas se desviarán después **e este** sueño, se embrollarán y, finalmente, **nos serán** perjudiciales.

Un sueño semejante o el verse disfrazados de **manera** grotesca sólo puede ser favorable a **los** saltimbanquis, a los comediantes y a los **bailarines**, que se adornan voluntariamente de **oropeles** de bufón para excitar la risa y **triunfar** en su profesión.

§ 2. A pesar de su probidad y de sus **buenas** costumbres, el que en sueños se vea **escribiendo** con la mano izquierda será empujado hacia una maquinación secreta, y engañará y abusará de su vecino.

§ 3. Todo el que sueñe con **cieno** o con fango caerá enfermo y será deshonrado: enfermo porque el fango no está hecho ni de tierra ni de aguas limpias, sino de una mezcla de ambas cosas; y deshonrado porque el cieno mancha y ensucia.

§ 4. Las **jofainas** tienen una relación constante con las doncellas, las niñeras y otros sirvientes femeninos. Beber o comer en una palangana son sueños que incitan al durmiente al amor hacia las criadas y le llevan a fornicar con las cocineras.

Si se mira en una jofaina como en un espejo, el soñador tendrá hijos con las doncellas o con otras mujeres cuyas obligaciones las retendrán en la casa.

§ 5. Las **imágenes** que vemos en sueños se refieren a nuestros hijos y al afecto que sienten por nosotros. Por consiguiente, es preferible ver imágenes hechas de materias sólidas y no deleznables, que ver imágenes pintadas o modeladas en frágil cera. Todas las cosas que se refieran a la imagen aparecida se referirán a nuestros hijos o a nuestras empresas e intereses morales.

§ 6. Vistas en sueños las **comadronas** y

las **parteras** predicen la muerte de los enfermos y pérdidas y daños a los tres individuos sanos, porque las comadronas retiran lo contenido de lo continente para ponerlo, finalmente, en tierra.

Los que se hallen secuestrados o detenidos por orden de la justicia recobrarán su libertad si ven una partera; pero las mujeres que, sin estar embarazadas, tengan a menudo una visión semejante, se decolorarán y enflaquecerán.

§ 7. A los sueños en que aparecen dardos, **espinas** y aguijones suceden siempre los cuidados y las tristezas. No obstante, he sabido que este sueño, a algunas personas les ha predicho el amor y a otras les anunció las maniobras de gentes insultadoras y viles.

§ 8. Las **cadenas** y las mujeres, vistas en sueños, guardan una relación indudable. Por otra parte nos anuncian negocios desgraciados, intenciones irrealizables y dificultades imprevistas.

Algunas personas que tuvieron este sueño fueron encarceladas sin medios bien definidos.

§ 9. El pobre, el afligido y el desesperado que en sueños se vean recibir alientos y **consuelos** de otros, en lo por venir serán ayudados, socorridos y reconfortados. Las personas afortunadas y felices que tengan este sueño caerán en la miseria y serán abiertamente ultrajadas.

§ 10. Las **cartas** que contengan salutaciones y felicitaciones proporcionarán alguna buena nueva, si apercibe las cartas sin ponerse a leer lo que dicen. Si el **sueño** le incita a leerlas, sabrá que las cosas **tan** indiscretamente conocidas le concernerán, sean buenas o malas.

§ 11. No es un buen sueño, sino, por el contrario, muy terrible, aquel en que vemos **crecer** vegetales en cualquier parte de nuestro cuerpo. Algunas veces anuncia la muerte, y otras previene al durmiente que será herido en el mismo sitio en que crece el árbol; y a menudo, en fin, esta parte del cuerpo, que enfermará, será operada o amputada por un cirujano.

§ 12. Las **piedras** siempre tienen la significación de palabras o de discursos injuriosos; por eso, si soñamos que arrojamos piedras contra alguno indica que nos hallamos presa de la cólera y que llenamos de injurias y ultrajes a los demás, y si nosotros soñamos con ser lapidados, indica que sufriremos oprobios.

A veces, esta visión anuncia un viaje repentino, parecido a una huída, pues el que va a ser lapidado no tiene más recurso que la huída; pero si el soñador se ve asaltado por un gran número de personas y le acribillan a pedradas, tendrán grandes probabilidades de alcanzar provechos, dinero y favores de gentes afortunadas y en buena posición.

§ 13. Los **carniceros** que estrangulan o matan, que decapitan y cortan animales o hacen comercio de ellos, son anunciadores de peligros y de perjuicios. El enfermo morirá ante esta visión, porque los carniceros transportan y manipulan carnes muertas.

Aquellas personas cuya alma es pusilánime y caen fácilmente en la sumisión, lejos de ganar audacia y confianza en sí ante la aparición de un carnicero verán aumentar su timidez; los pobres, que diariamente se encuentran angustiados ante el problema de comer, **después de este sueño** hallarán más dificultades para aplacar su hambre; mas los prisioneros y las personas sujetas verán terminar su prisión y extinguirse sus deudas.

§ 14. El hombre débil y el enfermo morirán si en sueños se les aparece un **posadero,** porque éste significa la muerte por razón de que, como la muerte, recibe a todo el mundo sin preguntarle quién es. A los hombres sanos y robustos este sueño les presagia un viaje; pero también puede anunciarles que se debatirán entre las dificultades y los inconvenientes.

La posada, vista en sueños, tiene la misma significación que el posadero.

§ 15. Todo el que sueñe estar **secuestrado** o guardado por alguien encontrará numerosos obstáculos, que se opondrán a la realización de sus designios. Para los enfermos, una visión semejante es el signo de una agravación de su enfermedad, aunque no la muerte, puesto que se halla comprobado que hasta el agonizante recobra la salud, porque quien guarda y vela al hombre detenido o secuestrado tiene una relación con la vida del soñador y su seguridad.

El que, estando secuestrado, se vea libre durante el sueño, se halla destinado a arruinarse, lo cual precederá en muy poco tiempo a su muerte.

Quien se vea encerrado en una prisión, ya sea de grado o por fuerza, sólo obtendrá penas y enfermedades.

La vista de **carceleros** y verdugos sumerge al soñador en la melancolía, y, además, le supone una amenaza de cautividad. El hombre cuya conciencia no es muy pura, cuyas costumbres son dudosas y que haya cometido alguna falta contra la probidad y la decencia, después de este sueño será denunciado y castigado.

§ 16. Para los que se encantan con la compañía de alguien; para los que buscan relaciones o que desean casarse, es un presagio favorable el participar en un **banquete** nocturno, como igualmente lo es para las gentes desgraciadas, tristes y temerosas, que por este sueño lograrán algún bien o se verán desembarazadas de sus penas, por causa de que quienes tienen duelos en el alma no pasan voluntariamente la noche en danzas y festines.

Los hombres y las mujeres culpables de adulterio que secretamente se dedican a cosas peores aún, y buscan en la lujuria la satisfacción de sus deseos carnales, después de este sueño verán descubiertos sus extravíos.

El hombre y la mujer que vivan en la indolencia, que se vean asistir a fiestas o banquetes nocturnos, serán acusados ·públicamente de infamia y morirán en el desprecio.

§ 17. Los **palacios,** los **mercados,** los teatros, las encrucijadas y las plazas públi-

cas y los templos, cuando aparecen en sueños aportan la confusión en la vida del durmiente, a causa de la multitud de gentes y
de opiniones, de gustos y de intereses diversos que existen en estos lugares.

El mercado que el soñador lo vea repleto
de vituallas y frecuentado por compradores
numerosos, será de buen augurio, sobre
todo si se ocupa en negocios; pero si el mercado está desierto y pobremente abastecido,
el durmiente sufrirá muchos desencantos,
sus propios negocios peligrarán y su crédito
y confianza disminuirán rápidamente.

§ 18. Cuando vea grandes **estatuas** de
bronce que se muevan y le hablen, podrá
considerarlo como un signo de que tendrá
rentas y riquezas insospechadas y repenti-
nas; pero si las ve de tamaño gigantesco o
irrazonable, entonces un acontecimiento cualquiera le aterrará y pondrá su vida en peligro, porque semejantes estatuas, si se des-
plazan y peroran, tienen que causar terror a
quien las vea.

Las estatuas son representativas de jueces,
de magistrados, de gobernadores, de hombres
de mérito o de funcionarios municipales. Por
consiguiente, lo que hagan o digan las estatuas será dicho o hecho por los personajes

que representan, si bien las estatuas que pronuncien palabras sabias y sensatas o describan algún gesto noble serán imitadas por ellos tal como fueron inspiradas si se dedican a alguna acción suceptible de herir la delicadeza pública, pronuncian discursos incorrectos o reprobables por la razón común.

§ 19. Los **relojes** tienen la significación de movimientos escénicos u operaciones; algunas veces se refieren a maquinaciones y sorpresas y se oponen al éxito de los negocios emprendidos por el soñador.

El hombre que ve, estando enfermo, caerse al suelo un reloj y romperse, deberá considerarlo una mala predicción, pues es un signo de enfermedades, de enfriamientos y de muerte.

Resulta más favorable si contamos las horas, contar las de la mañana que las de la tarde.

He aquí cómo creo que se deben interpretar los sueños que no figuraban en mis libros precedentes, y los cuales me pareció mejor reunirlos y estudiarlos aparte, y esto, para no dejar a nadie lugar ni ocasión de añadir nada a mis escritos.

Se comprenderá que nada hay más delicado y difícil que el fijar el juicio de los sueños complejos y de múltiples apariciones, dando reglas inmutables. Estas reglas serían tan desacertadas, y, a veces, tan sujetas a error, que resultaría muy aventurado el darlos como inmutables, porque con frecuencia se ven los mismos sueños tenidos de día en lugar de por la noche, y esto les da significaciones tan distintas que no guardan relación alguna entre sí.

No obstante, es imposible que los sucesos que nos son revelados por sueños idénticos, toda vez que los sueños predicen el futuro, tengan entre sí profundas desemejanzas o radicales diferencias; pues lo mismo que entre todas las cosas de la naturaleza existe una secreta correspondencia de un cierto orden, es creíble que exista también para los sueños. Por esto, cuando hayamos recibido de un mismo sueño presagios venturosos y nefastos, nos será preciso considerar cuáles hemos visto en primer lugar y cuáles en último. En los negocios de este mundo no es difícil que las más optimistas esperanzas terminen en los peores resultados, y que las

dudas y los temores se resuelvan favorable-
mente; los grandes males que esperábamos
a veces han solido quedar reducidos a pequeños trastornos, y los grandes sueños de
fortuna nos han dejado tan pobres como
antes.

Los sueños de apariciones múltiples y los
sueños compuestos son, convengo en ello,
dudosos; no pueden entenderse con facilidad, y, además, muchos tienen varias interpretaciones. En cuanto a mí se refiere, he
tratado de escribir con orden mis tratados,
en un lenguaje familiar y accesible a todos,
en forma de que me pueda comprender e interpretar todo el mundo. Como el maestro
que enseña a los niños el valor y la propiedad de cada una de las letras del alfabeto, y
en seguida el modo de formar las sílabas, las
en seguida le enseña el modo de formar las
sílabas, las palabras y las frases, yo quiero
dar las indicaciones elementales y metódi-
cas, que permitirán, aun a los menos hábiles,
interpretar sus sueños. Digo "a los menos
hábiles" porque a los otros, a los que tienen
la experiencia de la interpretación, basta in-
dicarles el sentido de las diferentes apariciones para que sepan combinarlas y deduz-
can las consecuencias generales.

En el primer libro, por ejemplo, he dicho que la cabeza significa al padre del soñador, y en el segundo, al león, al rey y al enfermo. En el capítulo de la muerte no he ocultado que les era favorable a los indigentes el verse fallecer en sueños. Ahora bien, imagino que un hombre pobre, que teniendo un padre rico sueñe que un león le arranca la cabeza, se la arrebata o se la devora, y ya este hombre muera o se vea desprovisto de su cabeza, se deberá de juzgar su sueño de la manera siguiente: el padre del soñador, con toda probabilidad, morirá, y heredará. Una vez que haya heredado ya no será pobre, y saldrá del estado de languidez en que se desenvolverá su existencia. Ni su padre muerto, ni la pobreza le dominarán, ni le oprimirán más, porque en sueños la cabeza significa el padre; el león, la enfermedad de la cual morirá el padre, y la muerte, cambio de estado para el soñador, cuya pobreza será vencida por la posesión de la herencia.

De un modo parecido conviene interpretar los sueños compuestos. En cada uno de los capítulos de mis libros se tratará de recoger las significaciones de las diferentes apariciones, y se las mezclará, como se mezclan diferentes hierbas y raíces para confeccionar medicamentos, de todo lo cual resulta un solo y único producto. Para terminar, deseo que mis lectores sean pacientes y de buena voluntad, que no critiquen ni censuren mi obra antes de haberla leído entera y con gran detenimiento, porque yo puedo afirmar que mis libros no merecen ser arrojados con indiferencia, y no deberán ser despreciados por las personas amantes de la ciencia, celosas de saber y de buen espíritu.

LIBRO CUARTO

LOS SUEÑOS ALEGÓRICOS

Al principio del libro primero he dicho ya que algunos sueños son "especulativos", esto es, que se realizan tal y como los ha visto el soñador, y que otros sueños, los "alegóricos", tienen una significación secreta que es preciso descubrir. Estos sueños alegóricos son los más difíciles de interpretar, porque el que los juzga no sabe nunca si el suceso verificará la visión, o bien, si las imágenes aparecidas guardan una relación que no se descifra.

Es necesario tener como probable que los sueños especulativos, se, realizarán——si llegan a realizarse, pues todos los sueños no se realizan——muy pronto, o en un corto plazo, mientras que los sueños alegóricos sólo se realizan más tarde, algunas veces, un día o dos después, y otras, después de varias semanas o de varios meses.

Repito que será tonto pensar que los sucesos monstruosos o imposibles que le son presentados en sueño le ocurrirán al soñador tal como los ha visto.

El interpretador no debe olvidar que los artesanos que se aparecen al durmiente representan su propio oficio o arte, y que ocurre lo mismo con todas las profesiones. Por lo cual, un abogado que había soñado que otro abogado estaba **enfermo,** permaneció largo tiempo sin ocupación y un cerrajero que vió caer en tierra a otro cerrajero, vecino suyo, no volvió a tener gusto ni humor para su trabajo, abandonó su taller y, finalmente, empobrecido, incierto, con el alma invadida por la duda y por el desdén hacia da cerrajería, dejó su pueblo natal y erró míseramente.

He aquí otro ejemplo que confirma mis observaciones: el cirujano Apolonio se vió en sueños jugar a la esgrima y herir a varios de sus adversarios, y después de esto, gracias a su talento, atendió y curó a los heridos. A consecuencia de este sueño vió aumentar su clientela y los enfermos afluyeron a sus consultas; todo ello, sin duda, a causa de que la intención de los esgrimidores es la de herir a sus adversarios, pero no matarlos, lo mismo que los cirujanos cortan los miembros de los enfermos, pero no les inmolan.

Un hombre de salud bastante precaria soñó ver **panes** preparados para el horno, mas, aunque los frutos de Ceres sean siempre favorables para quien los ve en sueños, este hombre, por estar enfermo, sólo alcanzó una alta fiebre, por razón de que los panes que había visto debían ser calentados y cocidos.

I

LAS ALEGORIAS

§ 1. Para quien desee casarse o contraer un pacto, una alianza o una asociación, será más ventajoso ver **vlñas** o **vlno** que trigo o cebada, como también será más útil para el ambicioso, sediento de popularidad y de gloria, el soñar hacer presentes que el recibirlos, a menos, sin embargo, que los reciba de las manos de personajes ilustres y elevados.

Y más aún, quien se halle interesado en concluír un casamiento, una unión, una asociación, deberá anhelar por la aparición en sueños de vestidos amontonados en tableros, cestas o cestones, como igualmente les serán favorables las **joyas: collares,** cadenas o sortijas; mas los que proyectan un viaje y los que, habiendo cometido alguna acción susceptible de reproche, han decidido huír y esconderse, en este sueño verán un presagio nefasto.

He observado que los estafadores, las personas hábiles que usan de argucias para engañar a su prójimo, han visto el éxito de un vergonzoso comercio después de haber soñado con joyas y con **vestidos.**

§ 2. Las personas que **encontramos** en sueños, hombres o mujeres, si nos aman o nos han amado, si nos hacen o nos han hecho algún bien, si nunca han manifestado intención de perjudicarnos, ya estén vivos o muertos, nos serán favorables, y su aparición nos anunciará dichas y alegrías. Esto es así porque las personas cuyo espíritu se ve o se encuentra cuando el cuerpo reposa, son las imágenes mismas de sucesos por venir. Es natural, por lo tanto, que nuestros amigos nos signifiquen la aproximación de sucesos venturosos y que los enemigos nos presagien las circunstancias enfadosas y tristes de nuestra existencia.

§ 3. El hombre que haya sido afortunado en otro tiempo, pero que en la actualidad sea pobre y vea en sueños sus **riquezas de**

otros tiempos obedientes a sus domésticos, deferentes a sus empleados y demás personas que respetan a las gentes ricas, será prevenido por este sueño de que su adversidad sólo tendrá para él una duración circunstancial y que recobrará sus bienes. Mas, en cambio, el hombre que haya sido sórdido y miserable y que habiendo llegado a rico se vea famélico en sueños, humilde y doloroso, como lo son los indigentes, de este sueño sacará un presagio de caída, de ruina y de retorno a la pobreza.

§ 4. Aunque no nos sean familiares las **personas agradables** y alegres, cuyas relaciones buscamos, nos predicen el placer y la prosperidad. Mas, si las personas que vemos en sueños son perversas o antipáticas, o si sabemos que nos odian, a su aparición experimentaremos dificultades y amarguras.

Cuando el soñador vea algún personaje **que dice ver su amigo** y que al día siguiente de haber tenido este sueño no obtiene ningún provecho ni ninguna alegría, podrá deducir que este individuo disimula su antipatía y que su amabilidad es fingida; mas, si el soñador se cree detestado por alguien que ve en sueños y al día siguiente la suerte le favorece, le será necesario juzgar que se ha equivocado con la persona que creía su enemigo y sentirá no haberla concedido su estimación.

§ 5. En un libro precedente he dicho que los **artesanos** y **obreros** que se nos aparecen en sueños nos dan las mismas esperanzas o las mismas dudas que la vista de sus oficios o profesiones. No es preciso añadir que sus tiendas y talleres tienen idéntica significación. Sin embargo, es necesario exceptuar de esta regla a la prostituta y a la casa en que opera. La prostituta que vemos en sueños no es del todo desfavorable, puesto que nos promete algún placer; pero los cuchitriles en que se desenvuelven estas escenas y en los que florecen los vicios y la depravación, son un presagio de tristezas y de desgracias, porque la paz de estos lugares continuamente se ve alterada por las disputas y las riñas que promueven los ebrios y los concupiscentes.

§ 6. Los soñadores a quienes se aparezcan **niños** sacarán más ventajas si ven niños y no niñas, lo cual no impide que unos y otros le predigan cuidados, por lo que es mejor no ver nunca niños. Los adolescentes son de mejor augurio, mientras que las personas de edad son de presagio funesto.

Sin embargo, conviene observar que quien sea llamado como testigo o a prestar un juramento, verá sus palabras tomadas en consideración y creída su sinceridad si, en uno de sus sueños, pasan ancianos, con la condición de que éstos no hagan ninguna chochez o algún acto insensato y habitual a las personas seniles.

II

SIGNIFICACIONES

§ 1. La **encina,** el **olivo,** el **ciprés** y otros árboles tardíos; el **elefante,** el **ciervo,** la **corneja** y los animales que se les parezcan, tienen para el soñador la significación de bondades o de males, que les serán concedidos o infligidos en un tiempo más o menos cercano, según el vigor o la debilidad de los árboles, o las disposiciones que manifiesten los animales.

La **viña,** el **melocotonero** y los demás árboles y plantas precoces y, entre los animales, el puerco, significarán al soñador que los beneficios que le son prometidos o los dolores que tiene, le alegrarán o le aniquilarán en un breve plazo.

§ 2. Todos las construcciones, objetos y materias sólidas y resistentes, como los **mu-**

ros, los cimientos, los árboles viejos y gruesos, los instrumentos de hierro y los diamantes, proporcionan seguridad al soñador; mas los que sueñan hallarse encerrados entre murallas, oprimidos por instrumentos de hierro o tajados por un diamante, conocerán el temor y serán tocados de esterilidad.

Los **carros** tirados por animales no usuales para ello, como perros, lobos, leopardos y otros animales extraños al tiro, sólo serán favorables para el soñador que tema las maniobras de sus enemigos, porque semejantes bestias, cuando están sujetas, se someten a la voluntad del conductor.

El ver un cochecillo tirado por hombres, solamente es favorable a los ambiciosos que quieren ser dominantes y obedecidos. Los demás sufrirán perjuicios, amarguras y difamaciones.

§ 3. Verse **adular** y reverenciar a otro sólo es provechoso para las personas que tienen la costumbre de semejantes bajezas. Los hombres que sienten la dignidad de su persona y que consideran degradante la adulación, serán humillados después de este sueño, porque los aduladores son de alma abyecta y servil.

El que sueñe sacar placer y satisfacción

de las adulaciones de otro, sólo experimentará desencantos, aun si el adulador es uno de sus íntimos, porque será traicionado por él.

§ 4. Todo soñador que haya decidido hacer un viaje y que, al ir a embarcar, se vea **crucificado,** sabrá que tendrá un feliz viaje. El pobre que tenga este sueño será elevado súbitamente de su condición. El hombre que vegeta en un estado de depencia recobrará su libertad después del sueño de su crucifixión, porque la muerte con frecuencia es el símbolo de la libertad.

De una manera general este sueño presagia la gloria, los honores y las riquezas, por causa de que los que son crucificados dominan a los demás hombres. Menandro soñó que había sido crucificado delante del templo de la villa de Diospolis, en Grecia, y este sueño le hizo dueño del templo, en el que adquirió bienes y un gran renombre.

§ 5. Los que viven en el estado deprimente y consecutivo a la pobreza, y los que gimen en la servidumbre, si se ven expuestos en venta, como los **esclavos,** o como el ganado, podrán felicitarse de este sueño, porque en un cambio de situación solamente pueden salir ganando.

Las personas ricas y los cargados de honores deberán temer el verse expuestos y negociados, pues yo he conocido a varios a quienes este sueño les valió el ser detenidos y arruinados, y luego, al verse libres, tuvieron que servir como esclavos.

§ 6. Es un presagio feliz el **comprar** en sueños toda clase de objetos, lo mismo que tenemos costumbre de hacerlo en la vida.

Comprar solamente géneros y vituallas, es de buen augurio para las personas desprovistas habitualmente de medios y que pasan mil estrecheces para satisfacer su hambre; pero el rico que tenga este sueño sabrá que está llamado a hacer enormes dispendios y, finalmente, a ver quebrantada su fortuna.

§ 7. Todo el que **adquiera** bienes rurales o, mejor aún, un gran número de hermosos utensilios y de muebles para sus habitaciones, habrá tenido un sueño prometedor de felicidad y de bienestar; pero no es preciso que el durmiente se vea adquiriendo tierras inmensas o muebles fastuosos, cuya posesión fuese incompatible con la modestia de su estado, porque, como eso es irrazonable, sólo experimentará trastornos y desilusiones.

§ 8. Soñar hallarnos **pobres,** necesitados, indigentes; ver en nuestro cuerpo y en nuestras ropas la miseria y la suciedad; sentirse de alma vil y miserable, como suele ser la de las personas necesitadas, son otras tantas visiones de tristezas que no anuncian nada bueno para nadie; no obstante, si no aportan satisfacciones inmediatas, estos sueños predicen el éxito y algún provecho a los abogados y a aquellos cuya profesión se halle basada en la retórica y en el lenguaje bello.

§ 9. Ver, por ejemplo, **niños** pequeños que tengan largas barbas y cabezas canosas; ver niñas casadas, dando a luz y amamantando a sus hijitos, son presagios nefastos, porque anuncian la próxima muerte de los hijos. Por otra parte, el efecto de los sueños en los cuales ocurren a los niños cosas incompatibles con su edad, es siempre fatal.

A pesar de esto, será de buen augur el oír a los niños expresarse con toda claridad, en vez de los gritos ininteligibles que les son tan proverbiales, porque hablar es propio de hombres.

Los sueños en los cuales se trate de nacimientos de niños, nos predicen que nuestros descendientes, si los tenemos viajando lejos o establecidos en el extranjero, volverán al suelo natal; también les predicen a quienes les han arrebatado sus hijos o su mujer, que les serán devueltos. Todo el que, hallándose en un caso parecido, se vea labrar la tierra y sembrar granos, obtendrá el mismo resultado.

§ 10. Ya he dicho que los **ojos** representan a los hijos del durmiente. Pues bien; he conocido a una mujer que soñó que padecía de los ojos y vió que sus hijos caían enfermos; y, por la misma época, otra mujer que en sueños vió enfermos a sus hijos, fué atacada de un padecimiento a los ojos y perdió la vista.

§ 11. Ya **vomiten sangre,** humores o alimentos, los hombres pobres que tengan este sueño sacarán provechos, y los ricos, perjuicios. Y, en efecto, el que no posee nada, ¿cómo podría devolver una cosa antes de haberla podido adquirir? Mientras que quien tiene riquezas está a punto de disiparlas o de perderlas un día u otro.

LAS ADVERTENCIAS

§ 1. Las imágenes que se nos presentan varias veces son una invitación que nos hace nuestro espíritu para que pensemos en una misma cosa y sacar de ello atención e interés, lo mismo que estamos atentos, cuando nos hallamos despiertos, a ciertas cosas sobre las cuales no podemos dejar de pensar, y de las que hablamos con frecuencia.

§ 2. Por el contrario, los **sueños que se repiten** en épocas diferentes, y entre los que transcurren varias semanas o varios meses. no tienen siempre un sentido idéntico, y a menudo son completamente distintos, como si el sueño estuviese hecho por diferentes personas y para los cuales no pudiese tener los mismos efectos, según su cualidad, su posición, su estado de fortuna y hasta su nacimiento.

Con referencia a estos sueños semejantes y frecuentes, voy a citar el típico ejemplo de un mercader de perfumes que, habiendo soñado que acababa de perder la **nariz,** vió huír a sus clientes, arruinarse su comercio y dispersarse sus mercancías; y todo, porque había perdido la nariz, con la cual se juzgan los aromas y los perfumes.

Algunas años después, ganándose de otra manera su vida, el antiguo mercader volvió a soñar que había perdido otra vez la nariz, y fué acusado de falsedad y tuvo que huír y buscar refugio en un país extranjero, y todos estos males le acontecieron, porque el perder la nariz es una aventura deshonorable y fea, toda vez que es la parte más visible del rostro. Y después, este infortunado perfumista, soñó por tercera vez que había perdido la nariz. Inmediatamente consideró con tristeza su destruída vida por este sueño fatal y persistente, y se preguntó qué nuevos desastres le iban a amenazar. No tuvo que esperar mucho tiempo para saberlo, pues murió en seguida, y esto porque las cabezas de los muertos no tienen nariz.

§ 3. Los **Jarros** y las **vasijas** que aparezcan en sueños tienen, para el soñador, ya la significación de los oficios en que se utiliza, o ya la significación de lo que se tiene la costumbre de guardar en ellos: los toneles se refieren a los toneleros, pero también se refieren al vino, al aceite, al trigo, a la cebada y todos los demás géneros que suelen encerrarse para conservarlos.

§ 4. Los **útiles** y los instrumentos **de trabajo,** se refieren a los amigos, a las hijas, a los parientes que se hallen lejos, a las vituallas y a las provisiones de boca, así como a los cofres, baúles, a la mujer y a las despensas de la casa. De todas estas personas o cosas, representadas por ellos, será necesario juzgarlas con prudencia y atención y no perder de vista las circunstancias en las cuales se haya tenido el sueño.

Repito que nunca estará de más una gran prudencia y circunspección en la interpretación de los sueños; y para ejemplo, voy a dar una nueva prueba con el caso siguiente:

He conocido a un ciudadano que ostentaba orgullosamente el título de capitán y que ambicionaba conducir tropas en la guerra. Un día soñó que había sido llamado por alguien y que salía de la casa en que éste habitaba. En el **momento** de descender los escalones la persona que le había llamado le ofreció una corona de **ramos de olivo,** parecida a las que los caballeros romanos llevaban en las ceremonias y en las pompas.

Al despertarse auguró un éxito en sus empresas y anhelos y sus compañeros participaron de su alegría, porque desde ese momento, más que la esperanza, tenían la certeza de que su amigo obtendría satisfacción y ocuparía en seguida la función ansiada. Sin embargo no fué así, por razón de que había recibido la corona, no al subir los escalones, sino al descenderlos. Ahora bien; subir significa avanzar, prosperidad, crecimiento de poderes, y descender equivale a retrogradación y a disfavor, pero el caballero tuvo una compensación, porque el sueño tenía, además, otras relaciones: se casó con la mujer que amaba, porque la corona estaba hecha con ramos de olivo trenzados.

Por consiguiente, el que desee explicarse los sueños, no debe detenerse en una sola imagen, sino que es preciso examinar las circunstancias y el adorno con que aparecen. Los que habían juzgado el sueño que acabo de relatar solamente por la corona, olvidando las condiciones en que la había recibido el caballeró, se engañaron en sus deducciones y se equivocaron grandemente.

§ 5. Todo soñador a quien se aparezca alguno de sus **parientes,** sea próximo o lejano, y que vea que le ocurre alguna desgracia o alguna alegría, sabrá que un suceso feliz o desgraciado conmoverá a uno de sus parientes. He aquí un ejemplo que atestigua este aserto: un hombre vió a su hija torcida y abollada, e inmediatamente después de este sueño murió una hermana del durmiente.

IV

MISCELANEA

§ 1. Las cosas que envuelven nuestro cuerpo y las que lo contienen guardan una relación constante. Citaré como prueba de esto que digo el sueño de aquella persona que creyó estar **vestida** de madera. Navegaba, y su viaje fué retardado por un sinnúmero de aventuras y de peripecias; porque los vestidos de madera que obstruccionaban sus movimientos, en este caso representaban al navío que transportaba al viajero.

Otra persona vió en sueños que sus vestidos se rajaban por el medio: su **casa se hundió;** otra soñó que el techo de su casa había desaparecido, y perdió su equipaje.

He conocido á un marinero que vió en sueños derrumbarse una muralla: las paredes de su barco se hundieron. Así, todos los sueños en los cuales nos vemos ser el objeto y las cosas que nos envuelven nos contienen, se refieren a nuestro cuerpo. Un hombre que soñó ver rotos sus vestidos, fué herido en el mismo sitio en que se le apareció el jirón. En este caso, sus vestidos tuvieron la significación de la envoltura de su alma.

Además de las diversas cosas o personas que los servidores pueden representar, es preciso conocer también que se refieren al cuerpo de su amo. Así, un amo que vió en sueños enfermo a su criado, fué atacado de una fiebre violenta, porque, en resumen, el cuerpo es el servidor del alma... He conocido a un hombre que soñó tener por pies cascos de **caballo:** fué hecho caballero y, como los cascos le transportaron en sueños, también debían trasportarle los cascos del caballo.

En fin, todo el que sueñe ser objeto de atención por parte de un rey y reciba de este personaje alientos y señales de amistad, es prevenido de que una orden o decisión próxima será dada o tomada en favor suyo, y que obtendrá numerosos y agradables beneficios.

§ 2. Los **discursos** que en sueños dirigimos a otras personas y que no conciernen ni a nuestro oficio, ni a nuestros trabajos, ni a nuestros estudios, sino más bien a la profesión o intereses de nuestro interlocutor, se refieren a nuestros propios asuntos. Convendrá juzgarlos en un sentido opuesto, si nos oímos discutir sobre nuestras empresas y sobre nuestros proyectos.

El que sueñe ejercer un oficio manual, después de haberle aprendido cuidadosamente, en sueños, recibirá la promesa de un bienestar futuro; pero este sueño no tiene esta significación solamente para los oficios manuales; se aplica también, y con los mismos venturosos efectos, en todas las artes y profesiones.

Por otra parte, yo supongo que un médico, en sueños, quizá tenga una **discusión** con otra persona acerca de Jurisprudencia o de Derecho, y que un abogado examine y diagnostique a un enfermo. Estas visiones deberán interpretarse como concernientes a aquel que las ha hecho: el médico empeñará grandes debates judiciales y el abogado tiene grandes probabilidades de necesitar la intervención quirúrgica.

Todo el que sueñe dar muestras de agradecimiento a una persona de la cual saca o espera sacar ciertos provechos, tendrá un sueño favorable. Pues ¿cómo esperaría el durmiente alcanzar mercedes de esta persona, si se mostrase hostil o indiferente? Y, como es lógico, quien se vea estar descortés con una persona de la cual espera un favor, verá a esta persona huír de él y, desde entonces, le desconocerá y le despreciará.

Heráclito Traciano, el poeta trágico, había aceptado el sostener en Roma una controversia relativa a su arte. En la noche que precedió a este combate de oratoria, Heráclito sofió que exterminaba a todos los espectadores de la pacífica asamblea, y que luego inmolaba uno después de otro a todos los personajes que iban a ser jueces en el debate. Este sueño hizo que Heráclito fuese completamente vencido en sus disputas poéticas y que quedase deshonrado, porque no es costumbre atacar a los amigos y asesinarlos, cuyo gesto sólo puede admitirse con respecto a los enemigos o a los que nos estorban.

Así, en la primera parte del sueño de Heráclito, se vió que los jueces y sus amigos no participaban de sus opiniones; y, por otra parte, ¿cómo lo hubiesen podido hacer y cómo hubiesen podido aplaudir y aprobar si habían sido previamente asesinados?

§ 3. Los que no tramitan un casamiento

con alguna joven, o ya mujer, de una nacionalidad distinta a la suya; los que no pro-
yecten ir a establecerse fuera de su patria y
se vean **construir su casa** en el extranjero,
morirán.

El funesto presagio de este sueño me fué
demostrado con la siguiente circunstancia:
un joven de Bitinia que se vió en sueños construir una casa en Ramna y establecerse en
ella, murió en seguida.

§ 4. Lejos de ser favorable el sueño en
que nos **pintamos** la cara o nos cubrimos el
rostro, predice la consumación de alguna
ruindad o de alguna acción despreciable. Las
tristes aventuras que, según mis noticias,
ocurrieron en la vida de un joven de Paros,
después que tuvo este sueño, son un testi-
monio de ello: se vió pintarse el rostro a la
manera de las prostitutas, y al día siguiente
fué descubierto en culpable conversación con
una mujer; le acusaron de adulterio y fué
severamente castigado. Cumplió su condena,
y no volvió a entrar en el camino de la virtud; y por la malignidad de este sueño cayó
en la más baja y miserable vileza.

Las cosas buenas para un uso y que en
sueños empleamos en otros fines, nos son
completamente hostiles. Citaré, a este pro-

pósito, al tabernero de Gandía, que se vió lavarse su cuerpo con vino y multiplicar luego sus irrazonables abluciones. Asombrado, fuese a buscar a un intérprete de gran fama, quien, una vez que se hizo explicar todas las circunstancias del sueño, habló así: "Tendrás benecios importantes—le dijo el tabernero—en el comercio de bebidas espirituosas, y debes alegrarte doblemente, porque, además, pagarás todas tus deudas, y tus acreedores no te molestarán más con sus inoportunas lamentaciones y con sus injurias malsonantes."

El tabernero no sacó de esta explicación más que una alegría de corta duración, pues, dos días después, observó que su vino se había agriado y corrompido, y tuvo que recurrir a los buenos oficios de los usureros, de los cuales, más tarde, solo recibió ultrajes y mortificaciones.

§ 5.   Soñar que súbitamente hemos **mejorado** moral y materialmente, es favorable para las personas ricas. Con la condición de que este suceso se produzca sin sobresaltos, estas personas pueden llegar a verse ocupando el lugar reservado a los dioses.

He conservado el recuerdo de un hombre que en sueños se vió transformado en **Sol.**

Once rayos, reflejados por su persona, alumbraban la gran calle de la ciudad, por la que pasaba. En seguida de tener esta fantástica visión fué nombrado capitán, y ocupando así la elevada posición que le había sido anunciada por el sueño; pero once meses después, murió.

§ 6. Todo el que vea a sus **amigos** conversar y discutir sabrá que se urden contra él maniobras fraudulentas.

Helena tuvo la desgracia de experimentar este sueño, porque habiendo sorprendido que ciertos amigos suyos la eran hostiles, cayó en gran enemistad con sus propios amigos, por motivos que no se referían a los sentimientos de odio que la testimoniaban las personas a las cuales había visto conversar.

§ 7. Los individuos o los objetos de **color** se refieren a las personas o materias del mismo color. He conocido, por ejemplo, un hombre que recibió como presente un esclavo etíope: al día siguiente le regalaron un saco de carbón.

§ 8. El **trabajar,** cualquiera que sea la tarea o labor que hagamos, tiene una íntima relación con la vida del soñador y con su duración. Por eso, una mujer que soñó haber terminado de tejer su tela, murió al otro día;

ya no tenía nada que hacer, y, por consiguiente, no debía vivir más.

§ 9. Soñar **abandonar** una obra antes de terminarla y dejarla imperfecta significa que nuestros asuntos tendrán un desenlace inesperado e imprevisto.

Un joven, del cual he recibido las confidencias, dirigió a un rey una súplica para poder entrar en posesión de la herencia de su hermano.

Cuando esperaba confiado el resultado de sus esfuerzos, se vió una noche golpeando a una **oveja;** en seguida tuvo que interrumpir su labor, confesándose incapaz de llevarla adelante. Adivinó que su penoso sueño tenía alguna relación con sus deseos de sucesión, y dedujo que obtendría, por lo menos, la mitad de la herencia ansiada. Ahora bien; sus razonamientos fueron desechados, y no consiguió ni una parcela de los bienes que dejó su hermano.

§ 10. Es ventajoso ver en sueños los pueblos en que hemos vivido, el **pueblo natal** o familiar, así como nefasto ver ciudades extrañas y desconocidas. Todavía es más favorable ver estas vidas familiares llenas de mercancías y como febriles por las transacciones y el comercio, como es más fatal aún el ver las ciudades extrañas desiertas y sumidas en en el marasmo.

Las ciudades de nuestra patria que se nos aparezcan en sueños se refieren también, a veces, a nuestros padres. Digo esto porque he sabido, por personas dignas de crédito, que un hombre que vió su pueblo natal destruído y arruinado por un temblor de tierra vió a su padre ser condenado a muerte, al que ejecutaron sumariamente.

§ 11. Los sueños en que se nos aparecen **hermanos** tienen siempre la significación y los mismos efectos de los en que se nos aparecen enemigos. Y esta relación es lógica, porque nuestros hermanos, al nacer, no sólo no nos aportan nada, sino que nos arrebatan una parte de la herencia doméstica, obrando de igual modo que lo haría el enemigo más encarnizado que tuviese interés en empobrecernos, y, algunas veces, hasta en perdernos.

He conocido a un hombre, llamado Timorato, que soñó enterrar a uno de sus hermanos muertos, y que poco tiempo después tuvo la alegría de saber que había muerto uno de sus mayores y más feroces enemigos.

El fallecimiento de un hermano no significa únicamente para el soñador la desaparición de un enemigo, sino que, a veces, es también un indicio de libertad y de alivio. Conozco a quienes por este sueño pudieron evitar los trastornos que les amenazaban. Y a un gramático, de nombre Diocle, le ocurrió un sueño feliz el día antes en que iba a perder una gran suma de dinero, y después de tener este sueño, este inconveniente se le trocó en ventaja, porque la noche anterior había visto asesinar a su hermano.

§ 12. Es un presagio de muerte próxima para el soñador que se halle enfermo el comer viandas en un festín mortuorio; y para el hombre sano le significa la próxima muerte de un pariente cercano.

Quien se vea **morir** y en seguida resucitar otra vez, sabrá que le espera una victoria: triunfará de sus adversarios y vencerá las dificultades que estorban el éxito de sus empresas y se oponen a su desarrollo.

Las ofrendas que tenemos costumbre de hacer a los muertos son generalmente funestas; y es tan funesto el hacérsela como el que nos las hagan ellos a nosotros, y tanto en un caso como en otro anuncian la pérdida de uno de nuestros parientes más queridos.

Sin embargo, es preciso saber que el tomar en sueños la mano de un muerto o tocar oro, víveres en abundancia, plata, vestidos o vasos preciosos, todo a un tiempo o en varias veces, es una feliz predicción, de la cual obtendremos grandes provechos.

Todo enfermo que se vea **subir al cielo** entrará inmediatamente en la agonía y sucumbirá, lo mismo que si hubiese soñado estar ya en el cielo y gozar de una quietud deliciosa y de una tranquilidad prefecta y de felicidades desconocidas.

V

OBSERVACIONES

§ 1. Insisto en decir que es necesario, para interpretar y discutir los sueños, dividirlos según sus diferentes fases y juzgar a parte cada una de estas fases, reunirlas después y desentrañar la significación total del sueño.

Me imagino que alguien habrá soñado que viajaba en un barco, y luego, que dejaba el navío y seguía a pie por encima de las aguas. Se hallará la explicación a la primera parte de este sueño en mi segundo libro, y la de la segunda, en el tercero. Se trata de amalgamar los presagios aportados por este doble sueño y deducir de ellos los efectos que el soñador debe esperar para lo por venir.

Debo anotar aquí que no sacará ningún provecho quien sueñe hallarse vestido con trajes fuertes y rígidos, sino más probablemente, molestias, cuidados, dificultades y, algunas veces, un presagio de muerte. Los vestidos rígidos y a la vez flexibles, tienen una significación parecida.

§ 2. ¿Es posible tener a un tiempo sueños ventajosos y funestos?

A esta pregunta respondo rotundamente que sí. Es posible tener a la vez sueños buenos y malos, no solamente en el curso de una semana, sino en el de una noche. Digo más: un mismo sueño puede predecirnos acontecimientos felices y desgraciados. ¿Por qué habría de no poder ser así? ¿Qué hay de maravilloso en esto? ¿No es nuestra vida una serie de sucesos favorables y adversos, y no sufrimos y gozamos a un tiempo? Por eso yo recomiendo a aquellos que deseen interpretar los sueños que no se limiten a considerar sólo un aspecto de él y de asignarle siempre idéntico resultado, puesto que su efecto varía según la cualidad de las personas, su riqueza o su sordidez, su inteligencia o su tontería, su poder o su debilidad.

El intérprete de sueños Antipater, justamente famoso, supo cierto día que un hombre que se había visto forrado de hierro, en sueños, fué reducido a la servidumbre y tuvo que vivir en una decadencia comparable a la del galeote que se ve cargado de cadenas.

Algún tiempo después de esto, Antipater fué consultado por un hombre que había tenido el mismo sueño. Y juzgó que este hombre sería privado de la libertad después de ser vencido en duelo, o bien que debería vivir por medio del hierro; es decir, como profesor de esgrima. No se realizó ninguna de las predicciones, y el efecto que se produjo fué que al consultante le cortaron el miembro viril.

Para juzgar acertadamente los sueños es preciso evitar el deducir siempre las mismas consecuencias o consecuencias parecidas. El hacerlo así sería podernos tachar de ignorantes y de necios, como lo son los músicos ambulantes y los tocadores de flauta que solamente saben una nota. En este arte conviene sacar de la imaginación, no explicaciones opuestas, sino aproximadas; y esto es así porque el espíritu es fértil, la inteligencia discursiva y el genio abundante y diverso.

§ 3.   ¿Qué plazos se pueden asignar a la realización de los sueños?

A esto responderemos que los sucesos que se producen en la realidad, en épocas fijas, tienen también, vistos en sueños, un plazo fijo; mas los sucesos cuyas fechas son, en la realidad, suceptibles de variación, o se producen en épocas indeterminadas, vistos en sueños tienen plazos imprecisos.

Los objetos de utilización rara o momentánea no producen el efecto que significan sino algunos días después de su aparición, y los objetos de uso constante retardan y aplazan sus predicciones. Las cosas que vemos a gran distancia, como, por ejemplo, las estrellas luciendo en el firmamento, no realizarán sus presagios hasta un plazo muy lejano, a causa de su alejamiento.

Para los sueños en que figuran animales responderemos que sus consecuencias se manifiestan al cabo del tiempo en que sus crías necesitan para gestarse y nacer.

Hay que tener cuidado de no hacer más que pronósticos realizables y de no poner plazos que no se hallen en armonía con las circunstancias del sueño, el ornato que decora los objetos aparecidos y también el deseo de los consultantes, porque ¡sería necio y torpe predecir a un hombre que espera ansiosamente un acontecimiento próximo que su sueño tardará un año en realizarse!

Acordémonos al juzgar los sueños que las visiones favorables lo son tanto más aún si los consultantes se hallan en elevada posición, y que los sueños anunciadores de males, si carecen de malignidad para las gentes ricas y poderosas, en cambio, son crueles y terribles para los indigentes, los miserables, los débiles e inconsistentes.

En fin, debemos saber que los sueños nefastos sólo producirán males de poca importancia si el alma del durmiente no ha sido afectada por ellos, y que los sueños venturosos tendrán un efecto casi nulo si el alma del soñador no ha sentido un vivo y ardiente júbilo y si no se ha desbordado su alegría.

INDICE ALFABÉTICO DE LOS PRINCIPA-
LES SUEÑOS

La palabra que se desee se verá en el texto, en la página indicada, con tipo más
fuerte.

APENDICES

APÉNDICE A

LA CLAVE DE LOS SUEÑOS ESPAÑOLA

He aquí la interpretación popular de los sueños, según una paciente y curiosa selección hecha entre algunas pitonisas madrileñas.—R. U.

A

Abudia. Las penas del que sueña tocan a su término.

Abejas. Verlas, señal de dinero; cogerlas, de prosperidad. Si pican indican traición, satisfacciones si dan miel; colocadas sobre uno demuestran tormentas. Si se sueña que se matan, señal segurísima de pérdidas.

Abismo. Peligro inminente.

Abogado. Hablar con él, desgracia, si es consultándole.

Abrazo. Abrazar a un amigo, engaño; a un pariente, traición; a una mujer, fortuna; a un desconocido, separación.

Acostarse. Con un feo, enfermedad; con una fea, muerte; con una mujer guapa, traición; con su propia madre, suerte; con una prostituta, fortuna.

Adulterio. Un disgusto muy grande.

Afrenta. Mal agüero.

Agua. Clara, buena señal; sucia, disgusto; fría, triunfo; caliente, enfermedad.

Si se sueña que se baña

en agua fría, salud; si es en agua tibia o caliente se sabrá de una muerte.

Si se bebe fría, riquezas; tibia o caliente, disgustos y enfermedades.

Aguila. Volando, buena señal; quieta, paralización de los negocios.

Alambre. Envenenamiento de una persona conocida.

Albahaca. Disgusto.

Alegría. Soñar que se tiene, mala noticia.

Almendras. Verlas, disgustos; comerlas, amor correspondido.

Amonestaciones. Oír las propias, enfermedad del pecho.

Amor. Amar, desgracia; soñar ser despreciado por una mujer, victoria y triunfo sobre la misma.

Angel. Buena noticia.

Angulla. Mal agüero.

Anónimo. Noticias de un militar.

Aparición. De un fantasma, desgracia en perspectiva; de un muerto, inquietud.

Araña. Verla, traición; matarla, desazones.

Arar. Herencia inesperada.

Arco iris. Saliendo por la derecha, felicidad.

Arpa. Tocarla, alegría.

Arzobispo. Muerte.

Asno. Desgracia.

Ausente. Soñar con uno, señal de su regreso.

Avellanas. Desgracias.

Avispas. Pesares.

B

Barba. Si una mujer embarazada sueña que la tiene, el hijo que dé a luz será hermoso. Si es un joven el que lo sueña, señal de vanidad.

Barco. En calma, prosperidad; naufragando, grandes peligros; verlo partir, pérdida de un objeto de valor.

Es señal de libertad soñar con barcos cuando se está preso.

Baile. Alegría y dinero.

Balcón. Pérdida de dinero.

Bandera. Dicha.

Baúl. Lleno, abundancia; vacío, tristeza, riña con un amigo.

Bellotas. Pobreza.

Besar. Dar o recibir besos, presagio de disgusto amoroso, si interviene en el sueño la persona amada.

Boda. Verla o asistir a ella, entierro.

Bola. Muerte prematura.

Bolsa. Boda.

Botica. Habladurías.

Botijo. Pleito.

Buey. Si se le ve labrar, tranquilidad; bebiendo, mala señal, y peor si es negro.

C

Caballo. Ir montado en él, buena empresa; si montan en el propio, infidelidad de la mujer.

Ver un caballo blanco, placer; negro, obstáculo.

Soñar que un caballo se desboca, mala señal, la muerte se aproxima.

Cabra. Blanca, ganancia; negra, desgracia.

Cadenas. Te preparan un engaño.

Caer. Un desconocido te prestará un favor.

Caja. Mala elección amorosa.

Calzado. Soñar con botas nuevas, viaje; con viejas, cesantía, contratiempo, disgusto.

Soñar con zapatos nuevos, ganancia; soñar que se pierden, pobreza.

Si se sueña con chanclos, señal de boda.

Cama. Estar en ella, peligro de enfermedad; ver una cama muy bien hecha, riqueza, felicidad.

Campana. Oírlas, alegría; si las toca una persona conocida, guardaros de ella, porque os hará traición.

Canónigo. Mala noticia.

Cantar. Cantar el que

sueña, triunfo; si canta un hombre, esperanza; si canta una mujer, padecimiento.

Capa. Obtendrás dignidades.

Caracol. Ver uno o varios, noticia de una herencia.

Casarte. Señal de mala conducta.

Caza. Ir de caza indica que harás suerte honradamente.

Cebolla. Mal negocio.

Celos. Tenerlos, es señal de traición.

Cerdo. Fortuna.

Ciego. Soñar que se queda uno ciego, señal de perder un hijo. Ver un ciego, riña en la cual se herirá con arma blanca al contrincante.

Cielo. Mal negocio.

Cigarro. Fumarlo, buena suerte; encenderlo, confianza; apagarlo, desgracia.

Coche. Fortuna para el que va dentro.

Collar. Disgustillo.

Comer. Señal de enfermedad.

En general, es muy mala señal, ya sea comer, almorzar, cenar o comer cualquier cosa.

Coser. Pérdidas, trabajos.

Cuerda. Herencia.

Culebra. Te preparan una traición.

Cuñado. Soñar con un

cuñado o una cuñada riña con el mejor amigo.

D

Dádivas. Si las hace un rico al que sueña, fortuna; de una mujer, amistad; de un hombre, significa consejos.

Si las hace una mujer joven, desgracias.

Dado. Pérdida de dinero.

Declamar. Suicidio, no siendo actor el que sueña.

Dedal. Peligro en puerta.

Defender. Defender a cualquiera, traición; mal agüero.

Demonio. Locura.

Descanso. Miseria.

Desnudo. Verse desnudo, perdición por los vicios de la carne.

Destierro. Desgracias próximas y de importancia.

Clamante. Aumento de riqueza.

Diente. Mal augurio.

Dieta. Mal agüero.

Dinero. Verlo, desengaños; hallarlo, pérdida; contarlo, suerte; perderlo, trato feliz.

Dios. Hallarle, dicha

Diligencia. Viajar en ella, mal negocio; si vuelca, desgracia.

Dragón. Protección de improviso.

E

Embarazo. Ver una embarazada, buena noticia; soñar estarlo, mala.

Enano. Traición que descubrirá el que sueña.

Enemigo. Peligros.

Enfermedad. Melancolía, tristezas próximas.

Entierro. Soñar con el de uno mismo, desgracia; si te entierran vivo, miseria; ver un entierro, matrimonio feliz.

Envoltorio. Susto.

Escalera. Subida, buena sombra, prosperidad; bajarla, malo.

Escribir. Una carta, buena noticia; un libro, ciencia; copiar cualquier cosa, pena.

Espada. Verla, traición; tenerla, poder; ser herido por ella, mala señal.

Espejo. Traiciones.

Espinas. Disputas con vecinas o personas inmediatas.

Esqueleto. Ver uno, horror; si da consejos no seguirlos.

Estanque. Con peces, fortuna; si los peces están muertos, robo.

Estrellas. Suerte; si se caen, desgracia.

Estornudo. Larga vida.

F

Faldas. Viaje.

Familia. Estar reunido con ella, disgustos diarios.

Festín. Placeres que terminarán de mala manera.

Flauta. Si se tiene un pleito, señal de perderlo.

Flechas. Oír su silbido, penas; desgracia si te hieren.

Flores. Verlas y olerlas o recibirlas en su tiempo, amores y placeres.

Fuera de su tiempo, si son blancas, obstáculo; amarillas, mala suerte; encarnadas, confianza.

Coger flores, provecho; recibirlas de una mujer, amor; de un hombre, siendo mujer la que sueña, felicidad, declaración.

Floresta. Disgustos amorosos.

Fornicar. Enfermedad.

Fortaleza. Prisión.

Fuego. Peligro. Si se enciende, *disipación; apagarlo, pobreza.* Si os quemáis, calentura.

Fuente. Abundante, salud. Agotándose, presagia muerte.

Fusil. Cólera, ira.

Freír. Enredo; comerlo frito, pérdidas.

Fresa. Ganancia inesperada.

Fruta. Verde, disgusto.

G

Galápago. Buena suerte.

..Gallo. Si canta, buena noticia; si se le ve reñir, disgusto con un amigo o un pariente.

Gallina. Rodeada de pollos, pérdidas; señal de provecho si pone; si cacarea, discusiones de familia.

Ganado. Si lo guarda un pobre, beneficio y honores; disputas si lo guarda un rico.

Gangrena. Pérdida de amigos.

Gato. Traición amorosa de la que será víctima el que sueña; si se le ve reñir o furioso, temed un robo.

Grulla. En verano, ladrones; verla en invierno, disgustos.

Guantes. Ponérselos, buena señal; llevarlos rotos, mala.

Guardia civil. Preso por ella, peligros próximos.

Si te espera, buena señal.

Guisado. Cólico.

Guitarra. Tocarla, dando serenata, correspondencia amorosa.

Tocarla estando solo, tristeza.

Gusano. Grandes enemigos.

H

Hablar. Solo, tristezas. En idioma extraño, misterio.

Hambre. Exito. Satisfaciéndola, felicidad.

Hijos. De pecho, enfermedad, si maman.

La mujer embarazada que sueña parir varón parirá hembra y viceversa.

Hilo. Pobreza. Enhebrarlo, dificultades.

Hombre. De blanco, dicha; de negro, desgracia; moreno, buen amigo; rubio, traición. Armado, riña; asesinado o muerto, tranquilidad.

Horca. Ganancia segura.

Horno. Felicidad encendido; apagado, desgracia.

Hormigas. Abundancia.

Hospital. Pobreza.

Huevos. Blancos, dicha; rotos, disgustos; frescos, buenas noticias.

Hundimiento. Desgracia.

Humo. Como el fuego, es siempre mala señal. Indica intrigas.

I

Iglesia. Muerte segura de una persona conocida. Edificarla, contento; rezar en ella, alivio.

Imagen. Pintado, mentira; de talla, peligros.

Incendio. Peligro de muerte.

Incienso. Adulación de alguien para engañarte.

Indigestión. Pasarás hambre.

Infierno. Reforma tu conducta, si sueñas que te condenas. Si te ves en el Infierno por curiosidad, noticias buenas.

J

Jabón. Blanco, zalamería; moreno o color, economía.

Dejárselo quitar, proyectos frustrados.

Afeitarse es mala señal.

Jardín. Prosperidad si está poblado.

Juego. Si se pierde, se cambiará de fortuna.

Juez. Malicia contra ti; ser juez, disgustos.

Juguetes. Perjuicios.

Juicio. Complicación en tus negocios.

Juramento. Si se sueña jurar, no hacerlo sin pensarlo antes.

Justicia. Si el que suefia tiene que temer de ella, no tenga cuidado.

No teniendo nada que ver en ella, amor correspondido.

L

Lablo. Encarnados, buena salud; si están pálidos, señal de enfermedad.

Ladrones. Riqueza y felicidad.

Lámpara. Encendida, pena; apagada, longevidad.

Laurel. Victoria, buenos acontecimentos.

Si el que sueña es casado, tendrá hijos.

Si es una mujer soltera, se casará pronto.

León. Verlo, relaciones de valía e importancia. Luchar y vencerlo, gran victoria. De todos modos es buen agüero no siendo víctima suya.

Limosna. Hacerla, dicha; recibirla, desgracia.

Llaga. Pérdida.

Llanura. Ganancias.

Llave. Si se pierde, revelación indiscreta que os costará un disgusto.

Llorar. Alegría inesperada.

Lluvia. Disgustos y rencillas.

Lobo. Una perfidia si os muerde: un enemigo os hará una mala pasada.

Locura. Soñar estar loco, buena salud.

M

Madre. Verla con uno mismo, felicidad; malo contemplarla muerta.

Mano. Verla seca, señal de perder la razón.

Para los ladrones es sueño de mal agüero.

Mar. Caer en él, accidente. Estar embarcado o ir de viaje, mal presagio.

Mariposa. Inconstancia.

Media. Hacer media, disgustos.

Verlas de algodón, poca fortuna; de seda, pobreza; quitárselas, dinero; rotas, miseria.

Mesa. Puesta, abundancia. Vacía, pérdidas.

Mierda. Dinero.

Mijo. Pobreza.

Misa.—Oirla, satisfacción. Si es misa cantada, alegría.

Decir misa, término de tus penas.

Moneda. (Véase Dinero.) De oro, pena; de plata, felicidad; de cobre, fortuna; falsa, castigo.

Muerto. Mal agüero.

Mujer. Satisfacciones.

Música. Oirla, consuelo

N

Nabos. El que sueñe con ellos, si está malo, se curará en seguida.

Nalgas. Infamia si se ven las propias. Ver las de una mujer, lujuria.

Nariz. Grande, libertinaje; abultada, infidelidad.

Negro. Tristeza.

Nidos. Encontrar u n o, aumento de familia, siendo de aves; si es de orugas o reptiles, calumnias.

Niños. Disgustos.

Nubes. Rencillas.

Nueces. Discordias.

Números. Sin precisarlos, desgracias. Uno, mala compañía; dos, te engañarán; tres, consulta de abogados; cuatro, disputas; cinco, buena suerte.

O

Odio. Odiar a alguno es ser odiado igualmente.

Ojos. Si son grandes, alegría; malos, disgusto; amorosos, infidelidad; saltones, perjuicios; cerrados, desconfianza ; perderlos , muerte de un hijo.

Olivar. Si sueña una casada, tendrá hijos.

Olores. Persecuciones.

Orejas. Tenerlas tapadas, señal de ser víctima de la familia.

Si la que sueña es una mujer, descaro.

Orinar. En la cama, cobro tardío; en la pared, buen negocio.

Orines. Salud; beberlos, curación pronta.

Ortigas. Engaños.

Ovejas. Estar rodeado de ellas, gran dicha; verlas reñir, mal agüero, desgracias.

P

Padrino. Bautizo o boda, soñar con el propio.

Paja. En haces, abundancia; desparramada, pobreza.

Pájaros. Cogerlos, disgustos. Perseguirlos, es que te tienden un lazo tus enemigos. Si se acercan a ti, peligro; si se alejan, cambio de fortuna. Si cantan, buen negocio. Si los matas, tendrás una desgracia en la familia. Si están enjaulados, irás preso.

Papagayo. Si has girado una letra, ten por seguro que te la protestarán.

Pan. Blanco, desgracia si eres pobre.

El pan de cebada indica regocijos.

Pavo. Si una embarazada sueña ver un pavo real, tendrá un hermoso niño.

Pelo. Negro y corto, desgracia ; desgreñados , disgustos; si se caen, pérdida de un amigo.

Tener canas, desengaños.

Perro, Si lo ves durmiendo, tranquilidad; si corre o ladra, teme por tu casa; si riñe, teme una asechanza, y una disputa si lo hace con un gato.

Pescar. Con caña, pobreza; con red, cambio de tiempo.

Piojos. Dinero.

Pozo. De agua clara, fortuna; turbia, pérdidas. Sacar agua de él, casamiento.

Prisión. Falta de dinero.

Puente. Pasarlo, trabajos. Caerse de él, pérdida de la razón.

Q

Quemar. Quemarse tus muebles, pérdidas. Si ves un incendio frente a tu casa y se queman las ventanas, muerte de hermanos tuyos.

Queso. Desgracias.

Quincalla. Pobreza.

Quinta. Con trigo, buena boda; vacía, mala señal.

Quintas. Penas y disgustos.

Quinto. Ver uno, una joven, declaración de amor.

R

R a t o n e s. Enemigos ocultos.

Reloj. Robo. Si está parado sabrás de uno verificado.

Remos. Remar, penas y fatigas. Ver remar, buena noticia. Romper un remo, peligra tu vida.

Retrato.—El original vivirá mucho tiempo.

Soñar recibir uno, traición de un amigo.

Rey. Empleo.

Riña. E n t r e amantes, feliz casamiento. E n t r e amigos, pérdida de dinero... Recibir una bofetada en la riña, viaje.

Robo. Robar, alegría; ser robado, tristeza.

Rocas Estar encima de ellas, desdichas. No poder bajar de ellas, muerte de parientes.

Rodilla. Tenerla enferma, pobreza. Arrodillarse, mal negocio.

Ropa. Si es encarnada, muerte. Ropa sucia, mal agüero. Ropa blanca, alegría, carta.

Rosas. Los que están enfermos o presos, tengan por mala señal soñar con ellas.

Rueda. Viaje.

S

Sacerdote. V e r l o, enfermedad. Hablarlo, pide consejo.

Sangre. Perderla, s alud, no siendo por heridas.

Sepultura. Desgracia.

Sermón. Oírlo, beneficio.

Serpiente. Una mujer te engañará. Si la matas, victoria sobre un engaño. Si se te enrosca, prisión.

Sesos. Si te los sacan, muerte próxima.

Sol. Verlo salir, prosperidad.

Sofá. Ten cuidado si tienes una hija casadera.

Soldados. Verlos pasar, si es doncella la que sueña, novio en puerta. Verlos volver victoriosos, buena suerte; derrotados, mal augurio.

Sombrero. Nuevo, fortuna inmensa; roto, vergüenza.

T

Taberna. Estar en ella solo, disgustos; con los amigos, alegría.

Talego. Con dinero, suerte; de trigo, felicidad; de trapos, disgustos.

Tetas. Ver las de una nodriza, casamiento; las de una joven, riqueza.

Tierra. Fértil, tendrás una buena esposa; seca, tu compañera tendrá mal carácter. Sembrada de trigo, aprovéchate de tu trabajo.

Tijeras. Señal de disgusto.

Toros. Mal agüero, infidelidad.

Si sueñas con toros no lo digas a nadie, compra un décimo de la lotería y verás cómo te toca.

Tortuga. Tienes un enemigo secreto que te hace mucho daño.

Trono. Verlo, pobreza; apoderarse de él, suerte.

Tripas. Si te salen, riña en casa. Si te las comes, heredarás.

U

Ulceras. Malos negocios

Ungüento. Dárselo contento.

Uñas. Disgusto. Si son largas, provecho; cortarlas, malo; arrancarlas, muerte.

Urna. Llena, boda; vacía, viudedad; mortuoria, nacimiento.

Usurero. Serlo, ruina.

Uvas. Fecundidad. Cualquier otra fruta, mal agüero.

V

Vaso. Lleno, boda; vacío, aburrimiento.

Vecinos. Enfermedades.

Ventana. Tirarse por ella, pérdida de un pleito.
Verdugo. Desgracia.
Viaje. Mal agüero.
Viento. Penas.
Violín. Verlo solo, tristeza.
Vino. Beberlo, fuerza; con agua, poca salud. Verlo fluir, hemorragia.

Emborracharse, felicidad.
Viña. Fecundidad.
Visita. Trabajos. De médico, dicha futura.

Z

Zapatos. (Véase Calzado).
Zanja. Disputas.

APÉNDICE B

Una gran parte de nuestra vida la empleamos en dormir. Durante este tiempo, muchas veces tenemos sueños agradables y otros que no lo son; procurarse los primeros y alejar los segundos es objeto muy importante, pues sea real o ideal la pena, siempre es pena, y el placer siempre es placer. Desde luego, es un gran bien poder dormir sin soñar, porque en tal situación estamos libres de sueños desagradables; pero si mientras dormimos podemos tener sueños lisonjeros, es, como vulgarmente se dice, *otro tanto agregado a los placeres de la vida.*

Para esto es necesario, en primer lugar, tener mucho cuidado de conservar la salud por medio de un ejercicio regular y de una gran templanza, porque en las enfermedades la imaginación está alterada y siempre dispuesta a recibir ideas tétricas y algunas veces terribles. El ejercicio debe hacerse antes de comer, y no inmediatamente después. En el primer caso, ayuda a la digestión, y en el segundo, la incomoda, a menos de ser moderado. Si después de haber hecho algún ejercicio comemos con moderación, la digestión es fácil y buena, el cuerpo se encuentra ágil, el humor alegre, todas las funciones animales se ejecutan bien, el sueño que se sigue es natural y tranquilo; pero la indolencia unida al exceso de la mesa ocasiona pesadillas y espantos indecibles; cree uno caer en precipicios, ser acometido por animales feroces, por asesinos, por demonios, experimentándose tormentos bajo mil formas diversas. Nótese además que debe establecerse cierta proporción entre el alimento que se toma y el ejercicio que se hace. El que trabaja mucho puede y debe comer más; pero los que se limitan a un corto ejercicio deben comer poco. En general, la especie humana, desde que tanto ha progresado el arte de la cocina, come dos veces más de lo que pide la naturaleza. Es bueno cenar cuando no se ha comido, y las noches agitadas son una consecuencia natural de las cenas borrascosas y celebradas después de copiosas comidas. Es cierto que algunas personas, gracias a la diferencia de constituciones, descansan bien después de tales cenas; no les cuesta más que un sueño espantoso y una apoplejía, después de lo cual duermen tranquilamente hasta el juicio final. Nada se ve más repetido en los diarios que anuncios de personas que, después de haber cenado con exceso, han sido halladas muertas en sus camas a la mañana siguiente.

Otro medio de conservar la salud es tener cuidado de renovar muchas veces el aire del cuarto donde se duerme. Es un grandísimo error tenerlo cerrado y las camas con colgaduras. El aire que se respira es malsano; la naturaleza lo arroja de nuestros cuerpos por medio de los poros y los pulmones. En un cuarto donde no entra el aire exterior, el que ya hemos respirado se vuelve a respirar muchas veces, siendo en cada una de ellas más pernicioso. Cuando el aire está saturado de la materia traspirable que exhala nuestro cuerpo y que se compone de una parte de nuestros alimentos, ya no puede recibir ninguna nueva cantidad de la materia, que por necesidad queda dentro de nosotros más tiempo de lo que debería, y nos ocasiona enfermedades. Este estado se anuncia por una incomodidad, al principio levísima; por una desazón bastante difícil de describir, y en cuya verdadera causa pocas personas atinan, a pesar de sentirla. Con dificultad se concilia el sueño; se dan muchas vueltas por la cama sin poder descansar de ningún lado, etc.

Esta es una de las grandes y principales causas de los sueños desagradables. Cuando el cuerpo está desazonado, el alma no está tranquila, de donde resultan, como consecuencia natural, toda suerte de ideas ingratas mientras se duerme. He aquí los remedios que pueden precaver o curar este estado:

1.º Comiendo con moderación, se produce en un tiempo dado menor cantidad de materia traspirable; las sábanas pueden recibirla por más largo tiempo sin saturarse de ella, y entonces podemos gozar de un sueño más prolongado antes que nos incomoden aquellos· miasmas que sobrecargan el aire.

2.º Puede hacerse uso de mantas o colchas más ligeras y más permeables, que dejarán a la materia traspirable un paso más fácil y nos incomodarán menos, siendo susceptibles de recibirla por mucho más tiempo.

3.º Cuando uno se despierta a causa de tal desazón y no se puede fácilmente volver a conciliar el sueño, es menester dejar la cama, mullir bien la almohada, sacudir quince o veinte veces las sábanas, descubrir después la

cama para que se refresque, paseándose en el
ínterin por el cuarto sin vestirse. Por lo regular, después de esta operación se logra un sueño dulce y apacible, y todos los objetos que se
presenten a la imaginación serán agradables.
Yo tengo con frecuencia sueños de éstos que
me divierten tanto como las escenas de la ópe-
ra. El que sea demasiado perezoso para salir
de la cama puede contentarse levantando con
el brazo o pie la colcha, dejándola caer luego
que se haya introducido una buena cantidad
de aire renovado; cosa que deberá hacer con-
secutivamente hasta unas veinte veces... Pero
esta última operación dista mucho de ser tan
eficaz como la primera.

Las personas que no gustan tomarse este
trabajo, y que pueden tener dos camas, encontrarán un gran placer, cuando el calor de la
cama no les permita conciliar el sueño, con
dejar la caliente para pasar a otra fresca.
Esta mudanza de lecho podrá también ser muy
útil a las personas que tienen calentura, porque no solamente las refrescará, sino que muchas veces les proporcionará un buen sueño.
Una cama suficientemente ancha para poder
pasar de un lado caliente a otro fresco equivale a lo mismo.

Concluiré este capítulo con uno o dos avisos

más. Al acostarse es menester tener gran cuidado de arreglar la almohada conforme a la costumbre que se tenga de poner la cabeza, de suerte que se esté con la mayor comodidad posible; en seguida es necesario colocar los miembros de modo que no se incomoden unos a otros. Una mala posición, aunque por el pronto no se sienta demasiado y apenas se llegue a notar, se hace menos soportable con la continuación, y la incomodidad puede hacerse más sensible e influír durante el sueño en la imaginación.

Tales son las reglas del arte de tener sueños agradables. Sin embargo, a pesar de la experiencia que tengo de su eficacia, hay un caso en que, aun cuando se observen con la mayor puntualidad, será sin el menor fruto. Este caso es aquel en que la persona que quiere tener sueños halagüeños no haya cuidado con anticipación de poseer lo más esencial de todas las cosas; esto es: *una buena conciencia.*

BENJAMÍN FRANKLIN.